늙은이가
애를 낳았다더니
너도 똑같구나

늙은이가
애를 낳았다더니
너도 똑같구나

글을읽다

2023년 12월 세상을 떠나신

어머니께 드립니다

서문

소나무로 둘러싸인 산속에 나의 집이 있었다. 서쪽 하늘을 바라보면 붉은 노을이 한 폭의 그림이었다.

기러기 울음소리가 정겹고 파도 소리가 귓가에서 맴돌고 뱃고동 소리가 들리던 그곳을 동경하며 살던 어린 시절…….

옆집 할머니가 내뱉었던 "저년, 독한 년", 그 말이 씨가 되어 '독한 년'으로 살았다.

오 남매의 맏이로, 십 남매의 며느리로, 삼 남매의 엄마로 웃기도 했고 울기도 했던 지난 시간들…….

병마와 싸워야 했고, 40이 넘어도 불안했던 그날 점치는 이에게 물었다. "내 수명은 몇이요?"

점치는 이가 대답했다. "83세요."

그 말을 믿고 싶었다. 그 나이면 내가 책임진 아이들을 지켜줄 수 있을 것이기 때문이다. 희망의 점괘였다.

내 삶에서 소중했던 시간들은 배움의 시기인 20대 후반의 외딴집 겨울이었다.

오두막집을 손보느라 포클레인으로 흙을 쌓아놓은 언덕의 언 땅을 삽으로 한 꺼풀씩 벗겨 밭을 만들었다.

그렇다. 삶도 쌓여지는 흙이요, 인생도 한 꺼풀씩 쌓여지고 벗겨지고 다져지며 그것을 녹여 풀어가는 과정일 것이다.

꽃은 화려하고 예쁘다.

화려하고 예쁜 꽃을 만지는 사람은 더 강하다.

'한 줄기라도 쓸모가 있지'라면서 나는 그것을 자른다.

내 손가락에 가시가 박혀도 아픈데 아픔을 함께했던 시간들, 그것이 내 삶이다.

지난해 12월 2일, 어머니는 삶을 마감하셨다.

그분에게 받은 마지막 유산으로 모아놓았던 글을 엮어 선보인다.

감사하고 감사했던 시간들이다.

2024년 봄

수원에서

김희숙

목차

1

추억 속에서

2

가족 이야기

3

여행 이야기

4

살아가는 나날

1

추억 속에서

꽃이 가득했던 언덕 위의 그 집

언덕 위의 그 집은 입구부터 꽃으로 가득 찼다. 사람이 다니는 길만 빼고는 이름 모를 꽃들로 꽃동산을 이뤘다.

그 아이의 아버지는 의사였다. 무면허였지만 인근에서 모르는 사람이 없을 정도로 실력이 좋아 늘 바빴다. 딸의 병을 고치려 노력하다보니 그 분야의 박식한 전문가가 되셨단다.

그 집은 딸이 다섯인 딸 부잣집이었다.

그 아이는 '선도 보지 않고 데려 간다'는 딸 부잣집 셋째였지만 소아마비 장애가 있어 부모님이 늘 업고 다녔다.

그 아이와는 초등학교 1학년 때 만났다.

수업이 끝나면 다른 아이들과 함께 그 친구를 업어 집에

데려다 주곤 했다. 집이 산 너머에 있어 친구들이 교대로 업고 가야 했다. 그것이 미안했던지 그의 부모님은 학교 근처로 이사를 했다.

아이는 공부를 무척 잘했다. 글을 잘 써서 글짓기 대회에서 상을 타기도 하고 그림도 잘 그려 미술 대회에서 상을 받기도 했다. 나는 그 아이가 무척 부러웠다.

그 친구와 나는 유난히 친하게 지냈다.

시간이 지나면서 나와 그 친구는 한몸이나 다름없었다. 등하교는 물론이고 화장실에 갈 때도 항상 나의 등에 업혔다.

화장실을 가면 아기 엄마처럼 등에서 앞으로 옮겨 안고 대소변을 보게 해야 했다. 당시의 화장실은 '푸세식'이었다.

한 번 화장실에 다녀오면 운동화에 소변이 묻어 냄새가 났다. 그게 미안해서 그 애는 소변을 참았다. 화장실에 자주 갈 수 없는 형편이라 물을 마시지 않는다고 했다.

세월이 흐르고 흘렀다. 중학교, 고등학교까지 우리는 같이 다녔다. 중학교는 집에서 멀리 떨어져 있기에 친구는 언니하고 학교 인근에서 자취를 했다.

후문을 통해 자취방으로 가면 되는데 우리는 정문으로

나가 논둑길을 걸어 집에 가기로 했다. 그 길로 가면 친구를 업은 채 30분은 걸어야 했는데 왜 그랬는지 모르겠다. 아마도 사춘기의 감수성, 왜 우리가 후문으로 가야 하느냐 하는 오기 같은 것이 있지 않았을까?

교문을 나서 논둑길로 접어들었다. 길도 좁고 경사가 심해 더욱 조심해야 하는데도 우리는 그 길을 택했다. 무슨 할 말이 그렇게 많았는지 떠들며 웃던 순간 내 몸을 잡고 있던 그 친구의 두 손이 풀렸다.

손을 잡으려다 발을 헛디디는 바람에 우리는 언덕을 굴러 논바닥에 처박혔다. 눈 깜짝할 사이에 벌어진 일이다. 데굴데굴 쇠똥벌레 두 마리가 굴리는 쇠똥처럼 장마철이라 물이 많았던 논에 빠진 것이었다. 흙탕물 속에 빠진 생쥐 꼴이 되었다. 그나마 가방은 물에 빠지지 않고 논둑에 그대로 남아있어 책은 젖지 않았다.

가방과 논바닥 사이엔 제법 거리가 있었다. 겁이 덜컥 났다. 친구가 어디 다치지나 않았나 하는 생각뿐이었다.

그런데 친구는 논에 철퍽 주저앉아 웃고 있었다. 너무 황당해서였을까? 둘은 마주보고 마구 웃었다. 걱정은 이내 풀렸다. 하지만 높았던 논둑을 기어오르느라 무척 애를 먹었다. 무성하게 자란 풀을 잡으며 조심조심 한 발짝 한 발짝 옮기며 언덕을 기어오르기 시작했다. 신발 속엔 진흙이 그득해 찌걱거리는 소리가 났다.

잡은 풀이 뽑혀 다시 뒤로 나동그라지면서 또 다시 논바닥에 처박혔다. 어찌어찌 우리는 겨우 논둑 위로 올라올 수 있었다. 머리부터 발끝까지 진흙과 이끼로 범벅이 된 몰골로 다시 친구를 업고 집으로 향했다.

자취방에 도착하자 먼저 부엌으로 들어가 교복을 입은 채 물을 뒤집어쓰듯이 퍼부으며 머리부터 흙을 털어냈다.

그럼에도 우리는 즐거웠다. 이제까지 그런 일은 경험해 보지 못했다.

옷을 벗어 빨아 널고 나니 입을 옷이 없어 속옷부터 친구 언니 옷을 입었다. 학교에서 돌아온 언니는 우리의 모습을 보더니 핀잔부터 주는 것이었다. 그런 언니가 미웠지만 우리는 좁은 방에 다람쥐 모양 움츠리고 앉아 시간이 가는 줄 모르고 재잘거렸다.

그녀는 지금 이 땅에 없다. 부모님을 따라 이민 간 것이다. 미국에서 직장인으로, 주부로 살고 있다고 했다. 언젠가 한 번 귀국했을 때 아이를 가지고 있었다.

아이를 낳아 보고 싶어 했던 그녀, 아이를 낳을 수 있을까 고민했던 그녀였는데, 오는 길이 너무 힘들었나보다. 곧바로 유산이 되었다며 친구의 집에서 휴식을 취하고 있었다.

그러나 그녀는 유산의 슬픔보다는 자신이 여자 구실을 다할 수 있다는 기쁨을 이야기했다.

여러 가지로 힘들어했던 그녀에게 백마를 타고 온 늠름한 남편이 있었고, 그 남편을 만나 즐겁게 살고 있다는 소식이 가끔씩 들려왔다. 그럴 때마다 우리들의 추억이 새록새록 떠오르곤 한다.

“의족에 의지하는 삶은 힘들지만 행복하다.”고 환한 웃음을 지었던 친구가 또 보고 싶다.

“그 소리, 하늘과 땅이 듣고 알아주었겠지”

여름 장맛비가 며칠 동안 계속 내리고 있다. 흙이 있는 시골이라면 달팽이나 지렁이가 기어 나와 돌아다니겠지만 콘크리트나 아스팔트로 덮인 도시 주택가의 도로엔 빗물만 흘러내리고 있다.

며칠째 할머니는 보이지 않는다. 혹시 편찮으신 것은 아닐까, 아드님 댁에 가신 것일까 궁금하다.

할머니는 다리가 성치 않아 지팡이가 아니면 서 있는 것조차 힘들다. 다리는 원을 그리듯 휘어졌다. 손목과 손가락에는 건강팔찌와 반지가 주렁주렁 달려있다.

할머니는 어렸을 때 나이 많은 자식 딸린 영감님께 시집갔다고 한다. 일제 강점기 때 정신대에 보내지 않으려고 부모님이 서둘러 혼인시킨 것이다.

그 시집살이가 오죽했으랴. 두 살인가 세 살인가를 덜 먹은 전실 자식이 있었다고 넋두리하며 눈물을 비치던 그 모습이 떠오른다.

"밤이면 장독대에 나와 밤하늘을 쳐다보며 가슴속의 울부짖음을 토해내고서야 잠을 이룰 수 있었어. 그 소리를 하늘과 땅이 듣고 알아주었겠지."

"울부짖다 미쳐 날뛸 때는 어느 누구도 말릴 수 없어 식구들이 붙잡고 사약을 먹이듯 입을 벌리고 약을 먹여 가라앉히고 병원으로 데려가곤 했네."

가슴에 멍을 안고 혀는 논바닥 갈라지듯 살았지만 세월이 약이랄까?

어느 날은 독일에서 수사님이 오신다며 지팡이를 짚고 은행으로 돈을 찾으러 간다고 부산하게 움직였다.

"자식 키우며 먹고 살기위해 수도원에서 수사님들 밥도 해주었지."

옛 어른을 만나니 반갑고 즐거우신가 보다. 먼 독일 땅에서 찾아와 준 것이 고맙다며 어느 집 음식이 좋으냐고 묻기도 했다.

이제는 모두 떠나고 홀로 남은 노인은 새벽에 밥 한술 떠먹고 힘든 몸을 이끌고 남보다 한 시간 앞서 하루를 시작한다. 성당에서 미사가 끝나면 버스를 타고 한 시간은 걸리는 먼 길을 달려 공짜라는 의료 기구로 "흠뻑 땀을 내면 시원하다"고 말하며 내 꽃가게에 들어오시곤 했다.

땀에 찌든 옷이 든 가방 속에서 꺼내는 작은 물병 하나. 제 몸 하나 건사하기도 힘드셨을 텐데 건강에 좋다는 맥반석 물을 건네주신다.

할머니 드시라고 해도 막무가내로 유리병 속에 부어주신다. 속 아픈 작은 딸 먹이라 한다. 마치 만병통치의 성수(聖水)인 것처럼. 그래, 할머니의 정성과 기도가 담긴 이 성수를 먹으면 병이 나을 것이다.

노인은 보이지 않지만 어디서든 기도하는 경건한 모습으로 계시겠지. 부디 건강하게 오래오래 사셨으면 좋겠다.

졸업은 마무리이지만 또한 시작이다

운동장에서 졸업식을 하던 날은 날씨도 따뜻하였다. 학생과 학부모가 모두 들어갈 수 있는 실내 공간이 없어 운동장에 모여 하는 졸업식을 보며 옛 생각이 났다.

요즘은 교실마다 시청각 시설이 잘 되어 있어 교실에서 영상을 보며 졸업식을 진행한다. 졸업식이 열리는 강당에는 선택된 반과 상을 받는 사람만 들어갈 수 있다. 그러니 졸업식이란 게 실감이 나지 않는다.

예전과 달라지지 않은 것은 졸업식이 끝나고 밀가루를 뿌리는 일이다. 언제 밀가루를 구해놓았을까? 밀가루를 뒤집어 쓴 교복을 입은 채 이리 뛰고 저리 뛰는 아이들을 바라보면 "누가 가르쳐 주지 않았는데도 저런 전통은 잘 지켜지고 있구나"라는 혼잣말과 함께 쓴웃음이 나온다.

나의 졸업식을 회상해본다.

졸업식장에 들어가면 눈물이 나온다고 하던데 눈물은 나오지 않았다. 그러나 졸업식이 끝나자 서러운 울음이 났다. 졸업식이 끝났는데도 개근 상장이 없는 것이다.

지금도 나의 자부심은 12년 개근상이다. 비가 오나 눈이 오나, 태풍이 불거나 병이 나거나 학교는 간다는 나만의 철칙으로 개근을 했건만 상장을 주지 않는 것이다. 서러움이 복받쳐 올랐다.

부모님도 오지 않은 졸업식이 끝나고 선생님을 찾아가 따지니 선생님은 서류에서는 고쳐주신다고 하셨지만 확인을 해 보지 않았으니 어찌됐는지 알 수 없다.

덕분에 졸업사진도 하나 없다. 선생님과 상담하는 동안 친구들은 끼리끼리 사진 찍고 모두 가버렸다. 홀로 남아 쓸쓸한 교정을 걸어 나왔다. 겨울의 한기는 더욱 가슴속을 파고들었고 축 쳐진 채 걷는 발걸음은 힘이 없었다.

매일 새벽에 일어나 밥해 놓고 뜸도 들지 않은 도시락을 쌌다. 뜨거워서 먹기 힘든 밥을 물에 말아 찬장 앞에 서서 마시듯 먹어가며 남보다 먼저 교문에 들어섰다. 나 혼자 교실로 들어가 커튼을 걷고 창문 열어 놓는 일이 즐거웠다.

그럼에도 졸업식은 허무하게 끝이 났고 아직도 가슴 한편에 서글픈 기억으로 남아 있다.

졸업은 마무리이지만 시작이기도 하다.

부모님의 축복 속에 삼삼오오 짝을 지어 교문을 나서는 아이들의 표정이 행복해 보인다.

활짝 핀 꽃송이 같은 아이들아, 졸업을 축하한다.

수원천에서 썰매타기

가을이 깊어갈수록 밤공기는 점점 차가워지고 앙상한 나뭇가지가 못내 안쓰러워 보인다. 거리를 걷는 이들의 모습이 무거워 보이고 몸에 한 짐 삶의 무게를 지고 걸어가는 듯하다. 요즘 내 몸과 마음도 무거워서 그렇게 보이는 것일까.

며칠 전 비바람과 함께 진눈깨비가 내린 뒤로 겨울이 부쩍 가까워졌다. 여기저기서 김장을 한다며 분주하다.

옛날처럼 김장독을 땅속에 묻어두는 모습은 볼 수 없지만 김장을 하는 풍경만 보아도 행복감이 느껴진다. 어느덧 나도 옛날 사람이 된 것 같다.

찬 공기가 살 속을 파고들면 개울가에 흐르는 물은 추위를 견디지 못해 얼고 동네 꼬마들의 놀이터가 된다.

이 계절 아이들과 함께 수원천으로 갔다.

어린 시절엔 얼음판을 무서워했다. 그래서 얼음판에 얼씬도 하지 않았다. 미끄러져 넘어지는 것도 싫고 얼음이 깨질까봐 두려워 떠는 것도 싫었다. 하지만 아이들의 어미가 되니 추억을 만들어주고 싶어 해마다 찾게 된다.

수원천에서는 어른도 아이가 되어 썰매를 탄다. 그러나 몸에 익지 않아 썰매는 원하는 방향으로 가지 않고 다른 곳을 향하곤 한다.

이렇게 몇 시간을 사람들과 어우러져 얼음을 지치다보면 온몸에서 땀이 흐른다. 옷은 땀에 흥건하게 젖어 김이 모락모락 피어난다.

서쪽 하늘에 해가 넘어갈 무렵 아쉬움을 달래가며 돌아서는 발걸음은 가볍다. 어렸을 적 무서워서 근처에도 가보지 않았던 얼음판이 두렵지 않다.

얼음이 깨져도 수원천이 깊지 않기 때문에 빠져 죽을 염려가 없다. 예전에는 얼음을 지치다가 연못이나 웅덩이가 금이 가 빠져 죽었다는 이야기가 들리곤 했다.

올겨울 한파가 몰아치면 수원천 얼음판은 방 안에 있는

아이들을 불러낼 것이다. 나도 아이들이 겨울을 건강하고 즐겁게 보낼 수 있도록 도와줄 것이다.

추위를 즐길 수 있는 얼음판에서의 썰매타기, 벌써부터 기다려진다.

가을 태풍에
바닷물이 밀려왔다

해마다 홍수 피해 소식을 듣는다.

어느 지역에서 대비를 못해 물난리가 났단다. 사전에 예방이 부실해 피해가 생겼다며 방송에서 떠들어댄다.

듣기 싫다. 피해 당사자들은 울고 싶어도 울 힘조차 없는데 그런 비난의 말이 도움이 될까. 삽시간에 당한 일이라 망연자실, 무대책이 대책인데.

가축과 가재도구들이 둥둥 물살에 휩쓸려가는 모습은 참담하다. 고무함지박을 보트 삼아 먹을 것을 날라주고 119 소방대원과 군인들이 인명을 구출하는 장면을 보며 안타까움에 함께 발을 동동 굴렀다.

나는 어린 시절 시골에서 자라 밭일 논일이 일상이었다.

잠에서 깨어보면 부모님은 벌써 논밭으로 나가셨다. 그래서 아침밥을 해 놓고 학교에 가야만 했다.

하지만 지겹다든가, 괴롭다고 생각해 본 적은 없다. 당연히 하는 일로 생각하고 살았다. 방학이 되더라도 놀 수 없었다. 부모님에게는 중요한 일꾼이었기 때문이다.

그렇게 열심히 일하고 농사를 지었는데 일은 가을에 벌어진다.

가을 태풍!

바닷물이 밀려들었다. 태풍과 함께 몰아치는 비바람은 정말 무서웠다. 논에 바닷물과 빗물이 밀려들어 왔다. 힘들여 베어 쌓아 놓은 볏단들이 둥둥 떠내려갔다.

어른 모두가 나섰다. 아이들은 바깥으로 한 발짝도 나오지 못하게 하였다.

사람들은 무서운 비바람을 맞으며 미친 듯이 뛰었다. 온 동네가 난리였다. 우리 논, 남의 논이 따로 없다. 물에 떠다니는 볏단 하나라도 더 건져내야 했다. 한 해 농사를 그렇게 떠내려 보낼 수는 없었다. 통곡한다고 하늘이 알아주는 것도 아니다.

줄기차게 휘몰아치는 비바람은 동네를 삼켜버릴 것 같

았다.

날이 새도록 거두어 들였지만 반도 못 건졌다. 그나마 거둬들인 볏단도 문제였다. 일손이 부족해 말리지 못한 볏단이 썩어 김이 모락모락 올라왔다.

며칠이 지나니 새싹까지 파릇파릇 나와 다시 논에 심어도 될 정도였다. 그 해 겨울양식으로 먹은 밥은 새싹이 난 쌀로 지은 것이었다.

매년 난리를 겪으며 경지정리를 한다고 했음에도 집 앞에 보이는 논들은 물살에 다 파헤쳐졌다. 겨울에도 쉴 틈이 없었다. 바닷물이 지나다니던 고랑을 넓히기 위해 온 동네사람들이 공동작업을 했다.

이처럼 꾸준히 보수공사를 해온 덕분인지 요즘은 비가 많이 와도 물난리가 거의 없고 바닷물도 밀려오지 않는다고 한다. 태풍이 온다 해도 걱정이 없는 살기 좋은 동네로 변했단다.

'소 잃고 외양간 고친다'는 말이 있는데 외양간을 잘 고쳤다.

해마다 수해를 입는 지역에서는 시간이 걸리더라도 튼튼하게 고쳐주었으면 한다.

호박 예찬

"호박꽃도 꽃이냐?"라는 말을 한다. 호박꽃을 여자로 비유할 때 사용하는 '못생겼다'는 뜻이다.

그러나 호박꽃은 자세히 보면 볼수록 아름답다. 오렌지빛의 큰 통꽃은 넉넉한 아름다움을 준다. 호박에 똥거름을 주면서 키우기에 천박하게 느껴져 잘못 인식된 것일까?

돼지호박이란 품종도 있다. 지금은 거의 볼 수 없지만 가끔 시장이나 채소가게에 있는 걸 보면 아직도 재배하는 곳이 있는 것 같다.

이 호박은 모양이 길쭉하고 날씬하다. 나의 어린 시절 집앞 밭에서 한 포기씩 따로 심어놓고 아침이면 어른들은 암술과 수술의 수정을 시켜주었다. 이른 봄이라 벌이 찾아주지 않으니 사람들이 대신해주는 것이었다. 한 송이 꽃을 따서 이 꽃 저 꽃으로 옮겨 다니며 수정을 해주면 멋진 통꽃을 피워내고 꽃이 지면서 호박이 맺힌다.

호박은 척박한 토양에서도 잘 자란다. 가뭄에도 강해 농부의 기대를 저버리지 않는 채소이다. 병충해도 잘 견뎌 약을 살포하는 것을 보지 못했다. 무공해 식품이다.

호박은 하루가 다르게 자란다. 그중 큰 것을 따다 포를 뜨듯이 썰어서 소금에 절인 뒤 솥뚜껑을 엎어놓고 전을 부친다. 장작불이 이글거리는 화덕 위에서 노릇하게 지져 참기름에 무쳐 상에 올려놓으면 군침을 돋우는 반찬이 된다. 영양가도 많은 최고의 음식이다.

덩굴손 호박도 있다. 덩굴 속에 숨어 있다가 어느 사이에 늙은 호박으로 변하는데 삶아 그 물을 마시면 이뇨작용이 있어 소변을 시원스럽게 보게 된다고 알려져 있다. 이런 효능 때문에 콩팥의 기능이상으로 전신이 붓는 사람에게 먹였다. 또 산후에 얼굴과 팔다리가 많이 부어있는 임산부도 먹으면 부기가 빠지면서 몸이 가벼워진다고 한다.

연세가 많았던 우리 할머니는 손녀딸의 건강을 위하여 호박의 꼭지를 잘라내고 씨를 꺼낸 뒤 꿀을 잔뜩 넣어 들통에서 중탕을 하셨다. 호박이 푹 고아지면 할머니는 정성스럽게 짜서 나에게 건네주었다. 꿀차를 마시는 느낌이었다. 산후조리를 제대로 못했는데 그 호박 달인 물을 마시며 잘 견디고 회복도 빨랐다.

세월이 흘러 어느 해 가을, 건강 보조식품 가게를 지나가는데 늙은 호박이 산더미처럼 쌓여있었다. 가게에서는 손님이 원하는 대로 각종 약재를 넣어 다양한 용도로 달여주기도 한다.

그렇게 약재로, 식품으로 개발되어 영양가를 발휘하고 있지만 무엇보다 내가 좋아하는 것은 호박떡이다.

추수가 끝나면 한 해 농사에 감사하기 위한 가을 떡을 한다. 할머니는 정화수와 떡 시루를 놓고 절을 하며 무엇인가를 빌곤 하셨다.

가을 떡을 하는 날은 아침부터 부산했다. 커다란 함지박에 흰쌀과 찹쌀을 넣어 불리고 떡고물용 삶은 팥에 절구질을 했다. 쌀가루 속에 껍질을 벗겨 잘게 썰어 햇볕에 말린 호박고지를 섞어 버무린 뒤 불을 지피면 군침이 도는 떡이 익었다.

집 나갔던 식구, 이웃집 어른들, 일가친척이 모두 모여

동치미에 떡을 먹었다.

그렇게 허기를 달랜 이후 진짜 일이 시작됐다. 한 조에 두 명씩 조를 이뤄 동네에 떡을 나눠주는 일이었다. 우리 집은 산속 외딴집이었기에 산마루 양쪽으로 나누어진 동네를 돌아야 했다.

별도 없는 밤, 뒤에서 누가 쫓아와 잡아당기는 것 같았다. 한 걸음 걷고 나면 뒤에서도 한 걸음 따라오는 것 같아 '걸음아 날 살려라' 동네로 쏜살같이 달리곤 했다. 두 쪽씩 담긴 시루떡을 한 집 한 집 돌렸다. 며칠 뒤에는 그 집에서도 똑같은 떡 접시에 다른 음식을 담아 가져오곤 했다.

그때 호박떡에 넣은 호박고지는 겨울에 얼렸다 녹였다 하면서 자연 볕에 건조된 것이라 당도가 높았다. 일 년 동안 땀 흘렸던 노고를 서로 위로해주는 정이 함께 삶아져서인지 더욱 맛이 있었다. 추억 속에서 할머니를 불러오는 늙은 호박, 할머니가 살아내신 세월 같은 단단한 껍질을 가진 호박……. 이제 내 주위에서 그런 호박을 키우는 사람은 없다. 할머니가 떠나 가셨듯 호박과 함께했던 정다운 이야기도 없어지고, 이젠 음식용이나 약재로 재배됐을 듯한 건강원 앞의 호박이 있을 뿐이다.

황소 같았던 그 아저씨는 지금 어떻게 살고 계실까?

먹을 것이 부족했어도 모나지 않게 살던 시절이 있었다. 자신은 허기진 배를 움켜쥐면서도 보리쌀 한 줌을 나눌 줄 아는 인정이 있던 시절이었고, 별맛이 없는 밀가루 빵이지만 오가는 이들에게 나눠줬다.

뒤주엔 쌀보다는 가난이 가득했지만 대신 정은 그득했던 그 시절의 하루는 수탉의 울음소리와 함께 시작되었다.

겨울에 꽁꽁 얼어붙은 땅이 녹아 질퍽거릴 무렵 보따리 하나 달랑 들고 거구의 아저씨가 우리 집으로 왔다. 친구의 소개로 전라도에서 왔다는 아저씨는 우리 집에서 1년간 머슴을 살 거라 했다.

모두 살기가 어려웠지만 그래도 보리밥 세끼나마 먹으

며 살던 우리 집이었다.

그는 이십대의 젊은이였고 배운 것은 없으나 언제나 성실했다. 화 한번 내는 것을 본 적이 없었다. 주인집 일이 너무 많아 제대로 편히 쉬어보지 못했지만 투정도 부리지 않고 임무를 다했다.

왜 그렇게 일이 많았을까. 소가 끄는 쟁기를 따라 질퍽이는 흙덩이를 갈다보면 몸이 흙으로 범벅이 되고 얼굴에도 진흙 팩을 한 것처럼 들러붙어 알아볼 수도 없었다.

그렇게 여덟 마지기를 갈고 나면 몸이 탈도 나련만 막걸리 한 사발에 피로를 잊었다. 얼굴도 한번 찡그리지 않고 소 풀을 베어 삽시간에 한 지게를 가득 채웠다.

그가 멀리서 나타나면 우리는 늘 그랬던 것처럼 "아저씨~"하고 부르며 뛰어갔다. 웃으며 반겨주는 아저씨가 좋았다. 자주 아저씨를 따라다녔고 놀아 달라고 떼를 쓰면 밤나무 가지를 뚝 잘라 긴 잣대 하나 만들어 곱게 껍질도 벗기고 반질거리게 문질러 주었다. 이 나뭇가지는 자치기의 어미가 되고 다시 작은 가지 다듬어 새끼를 만들었다.

마당 한 구석에 자치기 구멍을 뚫고 날려 보내면 하늘로 오르다 곤두박질쳤다.

모내기가 한창일 때 이웃 간에는 품앗이가 이루어졌다. 하루도 빠지지 않고 한 달 내내 이집 저집 품앗이를 다녀도 몸살 한번 나지 않았다.

당시의 모내기는 못줄을 대고 흥겨운 노랫소리에 맞추어 한 포기 한 포기를 심어 나갔다. 그러다 보면 널따란 논이 금세 연초록빛으로 변해갔다.

지친 몸을 펴고 먼 산을 바라볼 때쯤 아낙네들의 점심 광주리가 내려지고 넓은 논둑에 조촐한 잔칫상이 차려진다. 허기진 배를 큰 대접의 밥 한 그릇으로 채우고 이내 들판에 누워 즐기는 낮잠은 달고 달았다.

아저씨는 바보 같고 곰 같았다. 장마철인 여름, 비가 오는 날이면 사랑방에 누워 쉬어봄직도 한데 구태여 새끼틀에 앉아 발틀을 돌려 새끼를 꼬는 것이었다.

나와 동생이 옆에 앉아 짚을 매기면 귀찮아 야단도 쳐야 하는데 아저씨는 그런 내색 한번 하지 않았다. 새끼틀을 한나절 돌리고 나면 다리도 뻐근하고 아프련만 쉴 줄도 몰랐다.

아저씨는 동작 하나 흐트러짐 없이 늘어나는 새끼뭉치만 바라봤다.

커다란 덩치에 튼튼한 발로 저어대다 보면 손에서 새끼 타래가 떨어져 나가고 그새 또 한 타래가 만들어졌다.

가마니를 짜기 위해 만들었던 새끼줄이 대문간에 쌓일 때마다 부자가 된 것 같다며 웃던 아저씨였다. 가을에 벼 타작할 때 써야 할 가마니를 짜기 위해 한겨울에도 쉬지 못했다. 지금은 포대자루가 가마니 역할을 대신하고 있다. 새끼를 구경하려면 민속촌이라도 가야 한다.

그렇게 여름은 지나갔다. 농촌의 가을은 바쁘다. 낮잠 한 번 제대로 자지 못하고 지나간 시골의 가을 추수가 끝나고 고향으로 돌아가던 날, 길이 멀다며 기차 안에서 먹으라고 정성들여 만든 콩가루와 찹쌀로 만든 인절미 한 말을 받아든 아저씨는 고개 숙여 고맙다며 몇 번씩 인사를 하고 떠나갔다.

그리고 몇 년이 지나서 아저씨한테 편지 한 통이 왔다. 돈 벌려고 자원해서 월남에 파월장병으로 다녀와 잘 살고 있다고.

초등학교도 제대로 다니지 못했다는 아저씨, 소리 나는 대로 쓴 글이지만 잊지 않고 소식을 전한 편지를 방 한가운데 놓고 옛날을 생각하며 가족들은 웃음꽃을 피웠다.

이제 30년이 지난 지금 그 분은 어디에서 무엇을 하고 계실까 궁금하다. TV에서 돈 벌겠다고 월남전에 갔다가 고엽제 피해자가 되어 병을 얻어서 고생하는 파월장병들이 제대로 보상도 받지 못해 치료도 못한다는 뉴스를 볼 때마다 그 아저씨가 생각난다.

이제는 예순 살쯤 되었을 아저씨의 모습을 그려본다. 흰 머리가 나고 주름이 생긴 얼굴로, 손주를 안고 옛 이야기를 나누고 있지는 않을까?

황구지천 우거(寓居) 이야기

긴 머리가 허리에 닿을 듯한 새댁은 바쁘게 움직이며 이삿짐을 내리는 일에 열중이다. 도와주는 사람도 없이 진흙바닥에 짐을 내려놓지만 즐겁기만 하다.

하우스는 논들로 둘러싸인 땅 한 모퉁이에 지어졌다. 한가운데 통로가 있고 경사가 져서 돼지들의 오줌과 물이 잘 빠지게 설계되어 있다.

그리고 끝 쪽에는 물건을 쌓아둘 창고도 있고 한쪽에는 방도 만들었다. 보온 덮개를 덮어서 만든 집은 비바람을 막아주긴 해도 따뜻한 온기를 느끼기에는 허술하다.

살림살이를 방으로 들여놓으려 했지만 천장이 낮고 방이 비좁아 장롱 덮개와 자질구레한 짐들은 박스에 담아 한쪽

구석에 몰았다. 장롱을 방 한가운데 놓아 아랫방과 윗방을 구분했다. 직장 다니는 여동생을 데리고 있어 부부가 쓰는 방과 동생이 쓰는 방을 만들어야 했기 때문이다.

방에는 바람이 새어들지 못하도록 보온 덮개 속에 합판을 대었지만 돼지 축사에서 들어오는 냄새는 막을 수 없다. 남편은 옷에서도 돼지 냄새가 난다는 동료 직원들의 놀림을 전해준다.

냄새가 들어오는 방이지만 나에게는 대궐이다. 다닥다닥 달라붙어 삭막하기만 한 도회지를 떠나니 가슴이 트인다. 밖에서는 싱그런 들풀 냄새가 풍겨오고 고향 향기를 맡을 수 있다.

허술한 집의 방문을 열고 나오면 부엌이다. 연탄 아궁이에 석유풍로와 자그마한 찬장이 놓여 있고 밖에서 지나가는 사람들의 발걸음 소리도 들린다. 흙바닥에 밥상을 놓을 때는 소풍 나가서 음식을 하는 기분이 들기도 한다. 수도도 없는 집이어서 물을 길어다 쓰며 소꿉장난하듯 살았다.

전기가 들어오지 않아 등잔불과 촛불에 의지하고 살려니 옛날로 돌아간 기분이다. 등잔불 밑에서 졸다가 머리카락을 태우기도 하지만 내일까지 가져가야 할 스웨터를 뜨는 부업이 걱정스러워 새벽부터 부지런히 손을 놀린다. 이렇게 뜬 스웨터는 아침이 되면 돈이 되어 지갑 속에 차곡차곡 쌓여간다.

새벽부터 시작되는 하루는 바쁘다. 남편과 동생을 출근시키고 기다리는 돼지 식구들을 위해 돈사로 들어선다. 우리 한 칸마다 흰 돼지들이 한 마리씩 들어있다. 수퇘지 한 마리에 암놈 여섯 마리다. 놈들은 반갑다고 소리를 지른다. 수레를 끌고 첫 칸부터 차례로 똥을 치운다.

돼지가 더럽다고? 아니다. 한군데 모아 놓은 똥은 자기도 더러운지 밟지 않는다. 시원찮은 사람보다 돼지들이 훨씬 낫다. 이제는 돼지똥 냄새도 구수해졌다.

한 바퀴를 돌고 나면 긴 호스로 물청소를 해야 한다. 바닥을 깨끗하게 닦아주고 나면 좋다고 뛰고 뒹굴기도 한다.

목욕을 시키면서 빗자루로 배를 쓸어주면 눈을 지그시 감고 깊은 잠에 빠져든다. 그러면 살며시 빠져나와 바구니를 들고 나물을 캐러 나간다. 가게도 없고 시장도 멀리 있으니 반찬은 자급자족이다.

황구지천엔 실한 돌미나리가 지천이다. 쪼그리고 앉아

하나씩 뜯지 않아도 된다. 무성해서 낫으로 베어 한 아름 안고 와서 집에서 다듬으며 가늠해보니 몇 천 원어치는 되었다. 며칠 반찬으로 쓰이는 데 부족함이 없는 것이다.

부자가 따로 있을까? 마음이 풍성하니 부러울 것이 없다. 내일은 씀바귀, 냉이, 달래도 캐야지.

살림이 늘어가는 재미를 느끼는 중에 봄에 씨 뿌린 밭곡식들이 무더운 날씨를 이기고 낟알이 여물어 간다. 가을이 깊어 가면 밭곡식들이 한 자루씩 늘어가 살림살이도 풍족해진다. 돼지 식구들도 배가 불러 이사를 해야 했다. 갓 낳은 새끼돼지들도 어미 품에 평화롭게 잠들어 있다.

암과 투쟁하면서 살았던 지난날들은 얼굴이 백지장보다 더 희었다. 그러나 얼굴의 혈색도 좋아졌고 마음에도 힘이 솟았다. 맑은 공기와 뜨겁게 내리쬐는 햇빛을 받으며 새벽부터 밤중까지 일거리를 찾아 뛰었기 때문이다.

뜨개질

간혹 만나는 친구들이 부업을 해서 용돈을 벌었다는 얘기를 하길래 나도 옛 일을 회상했다.

새마을운동이 한창이던 때 변두리에서 살아가는 서민들 사이에서는 수출품 부업이 성행했다.

나 역시 누구의 입에서 정보를 듣고 부업을 주선한다는 그 집을 방문했다. 혼인하고 몇 번 털실로 볼품없는 조끼를 떠서 시어른께 드리니 입으시고는 추운 겨울이 따뜻해졌다며 즐거워하셨기 때문에 용기를 낸 것이다. 무엇보다 살림에 보탬이 됐으면 하는 마음이 컸다.

간단한 설명에 이어 몇 뭉치의 실 다발을 받았다. 내 가슴은 설렜다.

그 집과 비교되는 작고 보잘 것 없는 내 집으로 돌아와 작은 창문 사이로 들어오는 밝은 빛을 받으며 두 무릎을 세워 털실을 감았다.

친구도 없고 말동무도 없던 나는 집에서 기르는 돼지를 친구삼아 지내왔는데 이제 또 다른 소일거리가 생겨 하루를 심심치 않게 지낼 수 있게 된 것이다.

한 뭉치를 두 다리 사이에 끼우고 둥글게 감으면 실은 잘도 풀렸다. 하지만 오랫동안 작업을 하다 보면 다리가 아프고 두 손엔 피가 통하지 않아 쥐가 나기 일쑤였다. 그러나 그때만 해도 젊었을 때라서 저린 손을 툭툭 털면 짜릿하다가 금세 피가 다시 도는 것이다.

털실이 농구공만 할 때쯤이면 두 개의 바늘로 한 코 한 코 떠내려간다. 보드랍고 폭신폭신하지만 날리는 털 부스러기로 콧속이 간지럽고 목구멍도 칼칼하다. 뜬 옷을 몇 번이고 펴 보고 또 펴 보니 스스로가 대견하다.

그러나 하루라도 게으름을 피우면 약속한 날짜에 다 해낼 수가 없다. 이럴 때는 누가 온다고 해도 반갑지 않다. 먹고 싶은 간식이 있어도 먹을 시간이 없다. 아침을 제외한 두 끼는 번갯불에 콩 구워 먹듯이 해치워야 한다. 촘촘하게 짜인 옷에 무늬를 넣었는데 어디서 빠졌는지 코 하나가 빠져 무늬가 틀렸다. 이를 어떻게 할까?

곰곰이 생각해보고 잔머리를 굴려 꾀를 내지만 그것도 여의치 않고 어차피 다시 풀 수밖에 없다. 몇 시간을 뜬 것이 아깝지만 외국으로 수출한다는데 나라 망신은 시키지 말아야지. 또한 나의 부업거리가 끊기게 해서는 안 되지 하는 생각이 들었다.

그렇게 한 줄 한 줄 다시 풀어놓으려니 속이 상한다. 그러면서도 다시 빨리 떠야 한다는 생각에 손놀림은 보이지 않을 정도로 빠르다.

저녁이 되기 전에 그날 양을 다 떠놓아야 했다. 남편에게 들키는 날이면 그 일조차 할 수 없다. 남편은 고지식하게도 여자가 돈 버는 꼴을 못 봤다.

하지만 돼지 키우는 일도 내가 해내고 있다. 수퇘지를 데리고 들어가 교미 붙이는 일도 잘 해내고, 돼지우리 청소, 목욕시키기까지……. 그런 것은 그냥 보아 넘기면서 뜨개질 같은 것은 왜 안 된다는 것인지 모를 일이다.

또 다른 이유로 밤이면 뜨개질을 할 수 없었다. 전기가 들어오지 않아서 등잔불 밑에서 뜨개질을 하다 침침해서 자칫 코를 빠트릴까봐서이다.

그때는 시골에도 전기가 들어와 환하게 살고 있었지만 내가 있던 곳은 신고를 하지 않고 불법으로 지은 건물이었기에 전깃불이 없었다. 어느 때는 60년대로 돌아가 낭만을 즐기고 살아가는 기분이 들기도 해 불만은 없었다.

약속한 날은 다가오고 실 뭉치는 남아 있고, 시간이 모자라 나머지 양을 채워야 하는데 방법이 없었다. 오로지 나 혼자의 수작업만으로 해내는 것이니 있는 시간을 다 활용하기 위해서 새벽에 일어나 빛이 들어오는 돼지우리 한 귀퉁이에서 뜨개질을 하곤 했다.

까치 소리, 멀리서 들려오는 뻐꾸기 소리가 무거운 내 손놀림을 재촉해 단숨에 옷 한 벌이 만들어지곤 했다. 그렇게 집중해서 일을 할 수 있다는 것이 좋았다. 구석에서 한 벌 한 벌 짜 놓은 옷을 꺼내 놓으면 그 뿌듯함은 무어라 형용할 수 없었다.

그것들을 보자기에 싸서 일을 맡긴 아주머니 집으로 가져가야 한다. 무늬 하나 색깔 하나 크기조차도 똑같은 스웨터들을 보자기에 싸서 놓으면 그 부피와 무게만큼 내 정성이 보자기에 가득한 것 같아 흐뭇했다.

이 많은 옷을 혼자서 열흘 동안 지었다는 것이 대견하기도 했다. 한 올 한 올에 정성을 다한 옷이 남의 나라에 가서 이름 모를 사람에게 입혀져 아름답고 예쁘게 빛이 났으면……. 떠준 사람에게 감사하는 마음이 들었으면 좋겠다는 생각도 했다. 나도 한 벌쯤은 입고 싶었지만 그림의 떡이었다.

보자기를 들고 논둑길을 따라 동네가 보이는 곳을 향하는 발걸음은 가벼웠다.

바쁘게만 사는 요즘도 간혹 그때처럼 뜨개질을 하고 싶다는 마음이 든다.

숯의 부활

숯가마에서 연기가 모락모락 피어난다. 왕겨 사이로 붉은 불꽃이 피어오르며 며칠째 반짝이고 있다.

하늘거리던 흰 연기가 사라지고 왕겨가 검은 재로 남겨질 무렵 한 귀퉁이 파내고 속을 들여다본다. 검은 숯덩이가 들어 있다. 한 해의 농사를 마무리하듯 해마다 초겨울이면 행해지는 일이다.

앞밭의 배추가 뽑혀져 겨우내 찬거리로 땅속에 묻히면 간간이 모아 놓았던 참나무 덩어리가 밭으로 옮겨져 파 놓은 구덩이 속으로 차곡차곡 쌓여지고 불이 붙는다. 이렇게 며칠간의 시간을 거쳐 숯이 구워진다.

가을걷이가 끝난 후 마을 여인들은 나무 메를 들고 도토리가 많은 인근 산으로 향한다. 한 발 앞선 어느 여인이 들려주는 메 두들기는 소리가 먼 산에서 메아리로 울려 퍼지면 이쪽에서도 지지 않겠다고 나무에 열심히 메질을 한다.

메에 얻어맞은 나무의 도토리는 두드리는 사람의 머리, 허리를 닥치는 대로 치면서 우수수 땅으로 떨어진다.

한 톨이라도 더 줍겠다고 두들기고 또 두들긴다. 겨우내 가족과 손님상의 맛있는 반찬거리를 만들기 위해 풀 속을 헤집어 다람쥐 밥도 남기지 않고 줍는다.

해마다 맞았던 곳은 넓게 패여 일그러진 상흔을 남겨 안쓰럽다. 그럼에도 꼿꼿하게 서서 봄이면 푸른 잎으로 날개 달고 산들바람 일으켜 무더위를 날려 보낸다.

그렇게 모여진 도토리를 항아리에 가득가득 채운 뒤 물을 붓고 몇 달 동안 담가놓는다. 떫은맛을 빼려는 것이다.

항아리 속에서 꺼낸 도토리는 멍석을 펴놓고 말린다. 그곳에서 미끄럼을 타 본 일도 있다. 두 손을 머리 위로 뻗치고 배를 깔고 드러누우면 미끄러지듯이 앞으로 나간다. 먹는 음식으로 장난친다고 야단을 맞는 것은 당연지사, 벌칙으로 도토리 껍질을 벗겨야 한다.

식구들이 껍데기를 벗기려 멍석 주위로 모여든다.

껍데기가 바깥에 쌓여가고 속살만 드러낸 도토리 무더기도 점점 커진다. 모인 도토리를 물에 닦아 맷돌로 옮겨 갈아야 하는 것이다. 껍질 벗기는 일도 싫어서 몸이 뒤틀리는데 할머니 시중들며 맷돌을 돌리는 일은 정말 힘들다. 돌아가는 맷돌에 한 국자씩 떠 넣는 도토리는 줄어들 줄 모른다.

묵을 안 먹어도 좋다. 일만 시키지 않는다면. 그러나 한 번 잡힌 몸이니 어찌 빠져나갈 구멍이 남아 있는가. 날이 어두워지기만 바랄 뿐이다.

맷돌은 두 사람이 박자를 맞추듯이 잡아끌고 당긴다.

동그란 두 덩이의 돌이 맷돌이다. 밑을 받치고 있는 중심선에 또 하나의 돌이 올라가 돌아가며 갈린 가루는 곱고도 곱다. 수작업으로 이루어지는 그 일은 겨우내 할머니와 어머니의 소일거리다. 사실은 노동이다.

만들어진 도토리묵은 한겨울 화롯가에 앉아 먹었다. 찌거나 구운 고구마 한 바가지와 김치를 썰어 넣어 무친 묵은 긴 밤의 허기를 달래 주었다.

화로 속의 검은 숯덩이는 가끔씩 숲에서 피어오르는 빨간 불꽃 폭죽처럼 '딱딱' 소리를 내며 튀어 오른다.

어쩌다 불똥 하나가 손등 위에 떨어지면 놀란 토끼 눈을 뜨고 손을 황급하게 잡아 빼지만 이내 또다시 화로를 끼고 앉아 있게 된다. 추위를 잊기 위해 화로를 안으면 뜨끈뜨끈한 온기가 온몸에 전해진다. 열기로 다리가 붉은 지도처럼 익어도 내려놓을 줄 몰랐다.

옆에서 엄마는 늦은 밤까지 바느질에 열중했다. 솜을 두어 두툼하게 만든 할아버지 한복을 인두로 곱게 손질한다. 화로 속의 숯불에 달구어진 인두로 바느질한 자리를 곱게 누르고 동정을 달아 또 다시 인두로 꼭꼭 눌러준다.

내가 중학교에 다닐 때도 숯을 써서 교복을 다렸다.

교복에 주름이 없으면 단정해 보이지 않는다는 생각이 들어서인지 나는 교복과 흰 체육복에 주름을 잡고 또 잡았다. 바쁜 아침 시간임에도 숯을 피워 불덩어리를 다리미에 얹고 쓱쓱 다렸다.

교복 바지가 반들거릴 때까지 문지르고 또 문질렀다. 다리미질을 하기 위해 새벽잠을 설치기 일쑤였다. 어른들은 야단을 쳤다. 숯을 아껴 쓸 줄 모른다고. 그래도 교복을 입고 학교에 가면 뿌듯하고 자신감도 생겨 우쭐해지는 것이다.

어느 때인가부터 전기와 가스 사용이 일상화되면서 사

라졌던 그 숯이 다시 부활하기 시작했다. 다리미나 인두, 화로용이 아니다.

실내 공기를 깨끗하게 정화시키고 냄새를 제거해주는 기능이 있다는 이야기가 나돌며 집안 곳곳의 여러 가지 장식품으로 등장했다.

숯에 꽃나무를 심는 집도 있고, 환자의 방에 놓으면 좋다고 꽃바구니 대신 숯바구니를 보내기도 한다.

우리 집도 예외는 아니다. 방과 화장실, 텔레비전 위, 냉장고 안, 옷장에도 있다.

이것들은 놓여있는 제 자리에서 역할을 다하고 있다. 한 톨의 씨가 움을 틔워 새싹으로 자라고, 울창한 숲을 이루고 열매를 남긴다. 그리고는 마침내 자신을 태운 숯 덩어리가 되었다가 내 방에서 숨을 고르며 또 다시 생명을 주는 것이다.

"늙은이가 애를 낳았다더니, 너도 똑같구나"

여름 한밤중에 당숙이 나를 깨웠다. 엄마가 애를 낳았으니 일어나 물을 데우라고 한다.

엄마가 임신을 했는지도 몰랐다.

얼결에 아궁이에 불을 지폈다. 가마솥에 물을 가득 데웠다. 그러면서 울었다. 창피했다. 이성에 눈뜰 나이, 친구들이 집에 와서 농사일을 도와주기도 하던 그때라 친구들이 이 사실을 안다면 어떻게 변명을 할 것인가?

고민 중에 같은 집에 살던 작은 엄마도 임신 중이라는 사실이 생각났다.

"그래, 동생을 작은 엄마의 아이라고 속이자."

아궁이 속 황금색의 불덩이는 이글거리고 부지깽이로

나무를 들쑤시며 한탄했다. 난 어찌하라고 노인네가 애를 낳는다는 말인가? 울며 푸념을 해도 소용이 없었다.

어쨌거나 아들을 낳으니 집안은 조용한 경사 분위기다. 당숙은 데운 물을 들고 방으로 들어갔고, 그 다음 일은 기억에 없다.

새벽에 학교에 갔다가 해가 지고 난 후에 집에 돌아왔기 때문이다. 아니, 보기 싫었기 때문인지도 모른다.

그리고 세월이 흘러 37살이 저물어가는 12월 28일 난 막내 아이를 낳았다. 엄마 나이에 나도 애를 낳았다.

엄마는 내가 한 소리를 되돌려 주었다.

"늙은이가 애를 낳았다고 하더니, 너도 똑같구나."

가만히 있을 수만은 없어 대꾸를 했다.

"엄마는 아들이 있는데 낳았고, 나는 아들이 없어 아들을 낳은 것이라고."

어느 날 거울 속의 내 모습을 보고 놀랐다. 거울 속에서 엄마가 나를 보고 있었다. 닮기 싫었지만 똑같이 닮아가며 살고 있었던 것이다.

표정 하나하나가 어찌 그리도 같을까. 놀라 섬뜩할 정도였다.

인정하고 나니, 그동안 미웠던 엄마가 안 됐다는 생각이 조금씩 들기 시작했다. 엄마는 이제 걷기조차 버거워 기우뚱대고, 발음마저 새어 얼버무린다. 하루하루를 힘들어하신다.

나도 엄마에 대한 안타까움만 가득 안은 채 그렇게 늙어갈 것이다.

이제는 하늘에서 지켜보고 있을 엄마! 어느 곳을 가도 함께해 줄 엄마가 있기에 든든하다.

내 목숨이 다시 살아난 날

1981년 가을, 혼인 준비를 위해 직장을 그만두고 집에 가서 마지막 가을걷이를 도왔다. 둥굴레 통을 발로 밟으며 벼를 타작했다.

일을 무서워하지 않는 성격 탓에 밤늦게까지 벼 타작을 했다. 발로는 둥굴레 통을 밟고 손에는 볏단을 잡고 털어 내는 고된 일이었음에도 빨리 끝내야 한다는 욕심에 쉬지도 않고 혼자 일을 했다. 임신이 되었는지도 모르고 일을 한 것이다.

그래서였는지 혼인식이 끝나고 신혼 여행지에서 토하고 몹시 아팠다. 신혼여행을 즐기지도 못하고 돌아와서 입덧에 힘들었고 결국은 하혈까지 했다. 병원 신세를 지게

되었다.

검진 결과는 포도알 임신! 아이가 죽어 유산이 되지 않은 상태에서 부패했다고 한다. 의사의 말로는 3개월짜리가 하루아침에 6개월짜리로 변했단다.

의사는 유도 분만을 해야 한다며 약을 투여했고, 아이가 돌아야 한다며 밤새도록 굴리는 통에 아파서 견딜 수가 없었다.

아침에서야 수술을 했다. 내 몸속에서 꺼내 놓은 핏덩이는 양동이로 하나였다. 무엇이 그리 많이 들었는지, 피가 모자란다고 해서 수혈까지 해야 했다. 남의 피가 내 혈관을 통해 들어갈 때 온몸이 춥고 떨렸다.

남의 살이 닿는 것이 싫어 학교에 다닐 때 아파도 친구 등에도 한 번 업히지 않았으니 남의 피가 들어가는 순간 역시 좋은 기분이 아니었다.

소파 수술이라는 걸 처음 받아 봤다. 수술대에 올라간 어린 신부는 실험 대상이라는 느낌이 들었다. 흰 가운의 남녀 의사들, 부끄러움에 고개를 들 수 없었다.

다행히 수술 결과가 좋아 5일만에 퇴원했다. 그러나 퇴원 후 어디로 갈 것인가를 놓고 남편과 말다툼이 벌어졌다.

담당 의사가 이 광경을 보고는 간호사에게 혈압과 체온 체크를 하라고 지시했다. 열이 있단다. 다시 병상에 눕는 신세가 되어 검사를 받았다.

'포상기태 융모상피암'이란 결과가 나왔다. 포도알 임신에서 비롯된 암이다. 자궁에서 생겨 폐를 통해 머리까지 전이되는 시간이 빠르기에 한시바삐 항암치료를 받아야 한단다.

사진 속에 있는 검은 덩어리는 정말 끔찍했다.

주변 사람들이 모르는 투병생활이 이어졌다. 입원과 퇴원을 반복했다. 입원 날이 되면 남편은 서울 성모병원으로 항암제를 사러 가고 나는 홀로 병원에 입원해야 했다.

정말 소파 수술은 아무것도 아니다. 10일 동안 먹지도 못하고 주사를 맞았다. 항암 주사를 맞으면 바로 토할 것 같은 기분에 밥도 물도 싫다.

아무도 찾아주지 않는 병실에서 유일한 말동무는 실습 나온 간호사들뿐, 정말 혼자만의 싸움이었다. 아마도 나의 외로움은 그때부터 시작됐을 것이다.

이렇게 10일을 견디고 나서 퇴원할 때쯤, 입안이 다 헐었다. 집에서 음식조차 먹을 수 없었다.

첫 번째 항암 시도는 별 차도가 없었다. 실패였다. 이렇게 가는구나, 부모님께는 죄송하고 신랑에게는 미안했다.

종교가 없었던 집안의 딸인 나, 병상에서 읽는 『구약성서』는 낯설고 머릿속에 들어오지 않았다. 누가 누구를 낳고, 또 누가 누구를 낳고, 이스라엘의 집안 족보는 왜 그렇게 긴 것일까 재미가 없었다.

그러던 어느 날 십자가에 매달린 예수님을 보았다. 피 흘리며 참아내야 했을 시간들을 생각해 보았다. '그 고통을 참듯이 참아내야 하느니라'라는 말이 들리는 듯했다. "인내는 쓰고 열매는 달다"라, 정말 그럴까?

시간이 흐르고 다시 한 번 항암제가 투여됐다. 결과를 기다리는 시간 내내 두려웠다. 관심이 없지는 않았겠지만 남편은 아무 반응이 없었다. 그도 내심 두려웠으리라.

할 수없이 혼자 전화해서 알아보았다. 전화 속의 간호사 목소리는 밝았다. 변화가 있단다.

그렇게 내 생명은 다시 소생했다.

그때 내 나이 25살이었다.

②

가족 이야기

효조(孝鳥) 까마귀

몇 개 남지 않은 검은 머리가 살아온 날보다는 살아갈 날을 보여주는 듯하다. 허리는 굽어지고 가느다란 다리와 골 파인 얼굴, 검고 투박한 손, 여인의 외모라고는 믿어지지 않을 정도로 40년을 넘게 흙 속에서 힘겹게 살아온 세월이 기록돼 있다.

동이 트면 부스스한 머리를 매만질 시간도 없이 아픈 허리를 두들기며 하루를 시작한다. 마당 끝에서는 어미 염소가 먹을 것을 기다리며 "음매에에" 소리로 재촉하고, 황소만한 개가 "컹컹컹" 짖어대면 발 빠른 걸음으로 하나하나 찾아가 먹이로 그것들을 달래준다.

몇 십 년을 하루같이 해내던 그 일들, 어딜 가도 마음 편히 쉴 수 없어 선잠을 이루고 달려오는 집이기에 동물들조차도 반겨하며 그 깊은 정을 알아준다.

젊은 나이에 남편을 잃고 어린 자식을 떠받아 눈물로 고생했지만 철부지 자식들은 제 속을 몰라준다며 시시때때로 그 가슴에다 못질을 했다. 어머니는 가슴을 치며 속으로만 삭혔다. 다섯 자식이 해서는 안 될 일을 해도 모르는 척하고 넘어가던 그 모습은 늙은 느티나무였다.

몇 십 년 동안 뒷동산 밤나무에서 떨어지는 밤알을 새벽부터 주워서 자식을 챙겼던 어머니, 이제는 손자 손녀를 생각하며 깊은 항아리 속에 차곡차곡 그 밤을 쌓아간다.

"엄마, 이제 그만!"하는 자식들의 구박을 한 귀로 듣고 한 귀로 흘려버리면서 오늘도 그 밤알을 주워 모으고 있는 것이다.

첫 손녀 보시던 날, 할머니란 말을 어색해하며 "내가 무슨 할머니냐?" 하시던 내 어머니. 세월이 흐를수록 하나하나 늘어가는 손주들이 왜 오지 않느냐고 궁금해 하면서 어느 놈이라도 잠깐 집에 들를라치면 몰래 감추어 두었던 비상금을 훌훌 털어 주시던 어머니.

오랜만에 만나면 밤새워 살아온 이야기, 살아갈 이야기,

서럽던 시절의 이야기를 새벽닭이 울 때까지 눈 비비며 조곤조곤 들려주셨다. 나도 어느덧 중년이 되어 같은 세대를 살아가는 여자이기에 친구처럼 나에게 기대고 싶어 하는 것이다.

'살면서 닮아간다'는 옛말이 있듯이 이제는 나도 어머니를 닮아간다. 몇 톨의 쌀알을 주워 담으면서 어린 자식들에게 잔소리를 한다. 그 옛날 어리석어 보이기만 했던 어머니, 그 모습이 화가 나고 속상했지만 나 역시 그 어머니가 되어 살아가고 있다.

까마귀는 늙은 어미에게 먹이를 물어다 준다고 한다. 그래서 효조(孝鳥)라고 한단다. 나도 굵은 손가락 마디가 더욱 굵어질지라도 어머니를 위해 조금이라도 더 신경을 쓰는 효조가 되고 싶다.

나의 아이들에게 사랑을 주는 반만큼의 정성이라도 어머니에게 바치리라.

(*나의 어머니 이영순 님은 2023년 12월 2일 영면에 드셨다.)

할아버지의 놋그릇

참죽나무 기다란 가지 끝 얼기설기 지어진 까치집 아래 장독대에 큼직한 간장독, 고추장 항아리가 그 옛날 번성한 집이었음을 자랑하듯 가득 놓여있다. 그 옆에는 이제는 삭아서 무너져버린 굴뚝이 있다. 하고 많은 공간 중에서 하필이면 굴뚝 옆에서 땅을 긁어대거나 공기놀이를 하다가 매콤한 연기를 쐬고는 눈물을 짜내던 어린 시절 추억이 떠오른다.

무너진 굴뚝 옆 사과 궤짝에 쌓여 있는 놋그릇은 주인 잃은 서러움에 차 있는 듯하다. 할아버지가 쓰시던 식기들이다.

무심히 그 옆에 앉아 하나하나 짝을 찾아 골라내다 보니 밥주발, 국그릇, 반찬그릇이 골고루 있어 이것만으로도 한 상을 차려낼 수 있겠다는 생각이 들었다.

겸상을 차릴 수 있는 밥상을 서너 개 놓던 그 어린 시절, 할아버지 밥상 위에는 노란빛이 반짝 빛나던 놋그릇이 한 세트로 차려졌고 나머지 밥상엔 양은그릇이 놓여 있었다.

그때만 해도 놋그릇은 웃어른을 상징하는 것이어서 소중하게 간수했고 항상 빛나게 닦아 두어야 했다.

할아버지는 늘 사랑방에 앉아 족보 책을 펼쳐 놓으시고 한 대 한 대 이어져 내려온 우리 강릉 김(江陵 金) 문중을 자랑스럽게 설명하셨다. 돋보기안경을 쓰고 흡사 산맥처럼 그려진 가족 역사를 펼쳐서 옛 이야기하듯 말씀해 주시던 할아버지. 연륜만큼이나 많은 이야기들이 언제나 흥미로웠다.

그리고 그 할아버지의 어머니인 나의 증조할머니 산소를 아침저녁으로 베옷 상복을 입고 힘겨운 몸으로 지팡이에 의지해 오르내리시는 삼 년 세월도 지켜보았다.

할아버지는 가을걷이가 끝나면 농사지은 곡식을 소등에 싣고 이 장터 저 장터를 누비며 곡식을 팔아 소금을 샀다. 그리고 그 소금을 팔아 생선 장사를 하며 긴긴 겨울을

집 없는 나그네처럼 돌아다니셨다. 그렇게 근면하게 세상을 헤쳐 나갔던 할아버지 덕분으로 밥그릇에 밥알이 하나씩 하나씩 모여 한 주발이 되듯이 제법 넉넉하게 재산도 쌓였다.

노년의 한겨울에는 늘 방에 앉아 수많은 서책들을 보고 계셨다. 그럴 때 춥다고 내가 방으로 뛰어들면 손녀를 위해 따뜻한 아랫목을 얼른 내어 주시며 이불까지 덮어 주시던, 그 따뜻한 할아버지의 손길에 꽁꽁 얼었던 마음까지 녹았다.

이제는 가고 없는 그분의 빈자리, 놋그릇마저도 굴뚝 옆의 사과궤짝에서 잠자고 있는 것이다.

그것을 차곡차곡 담아 가지고 집으로 돌아와 할아버지의 흔적을 찾으려고 닦고 또 닦았다. 광택 내는 약까지 사다가 열심히 닦았지만 그때만큼 빛나지는 않는다. 진흙을 볏짚에 묻혀 닦아 반짝이던 놋그릇처럼은 아니지만 그래도 정성껏 닦아 나의 진열장 가장 높은 곳에 모셔 놓았다. 할아버지의 흔적을 나의 가슴 속에 새기고 나의 아이들에게도 영원히 간직되도록 할 것이다. 할아버지가 이야기해 주시던 족보의 산맥처럼.

기다림

저녁노을 서산 자락 붉게 물들이고
마루 끝
흰 무명옷의 할아버지
장죽의 담배 연기는 허공에 그림을 그리며
한숨처럼 사라지고

손자 손녀
마당이 좁다 뛰고
까르르 웃고
얼굴빛은 석양에 물들어 영롱해도
그저 웃으며 고개 끄덕이셨다.

어느 해 봄날
꽃향기 창문으로 들어오던 날

편안히 가시라 인사하여도

잦은 숨에 초점 없는 눈으로 누굴

기다리시는가

그예 감지 못하고 먼 길 떠나셨다.

그리움뿐인 먼 길을 떠나셨다.

—졸시

아이를 만나자
혼란이 사라졌다

고단한 하루였다.

출산 예정일이 가까워지자 지루함을 달래기 위해 아침부터 부산하게 움직였더니 뱃속의 아이도 피곤했나보다. 조용히 쉬고 있었다.

태어날 아이를 위해 옷과 기저귀를 빨아 널었다. 빨랫줄에 널려 있는 옷들은 햇빛을 받아서 더욱 희고 깨끗하다.

세탁기에 넣어 한 번에 돌리면 되는데 배를 안고 화장실에 힘겹게 쭈그리고 앉아 빨래를 했다.

힘든 일, 손을 비틀어서 힘을 주는 일을 삼가라 했는데 기계의 힘을 빌리는 것은 아기에 대한 정성이 없는 것 같아 빨고 또 빨았다.

하지만 아이가 좁은 뱃속에서 얼마나 힘들었을까? 시간이 남았는데 천천히 해도 되는 것을 하루에 끝내려는 나의 욕심 때문일까? 성격 탓일까?

태교가 소중하다 한다. 아이가 밑으로 쳐져 움직일 수 없던 나는 아이를 위해서 태교 아닌 태교를 했다. 침대에 누워 책을 보는 것이 하루 일과였다.

위로 두 아이가 있지만 먹고살기 바빠서 태교라는 것을 해보지 못했다. 세 번째 아이가 효자였을까? 엄마를 편한 자세로 쉬게 한 것이다. 아이는 평소에 먹지 못하던 우유, 과일로 영양보충까지 해주길 원했다.

오늘 일을 끝내려면 빨래를 걸어 정리해 놓아야 한다. 늦은 시간에 빨래를 걷는 순간 일이 벌어졌다.

아이를 둘이나 낳았지만 양수라는 걸 모른다. 귀로 들려오는 소리를 듣고 책을 통해 배웠지만 실제로 겪어보지 못했다.

큰아이는 예정일이 지났다고 병원에서 유도분만으로 낳았고 둘째도 아이가 거꾸로 있다 하여 수술을 했다.

그런데 갑자기 양수가 터진 것이다. 그것도 조금이 아니었다. 수돗물이 쏟아지는 것 같았다.

순간 가슴이 뛰기 시작했다. 아이들에게 창피한 것을 보여주지 않으려고 화장실로 뛰어 들어가며 소리쳤다. “엄마 오줌보가 터졌나봐! 오줌이 줄줄 나온다.”

화장실에 들어온 나는 목욕으로 깨끗하게 씻어보려 하지만 뛰는 가슴을 어찌할 수 없어 물만 뿌리고 침대에 누워있었다.

불안한 생각이 들어 안절부절 못했다. 누군가에게 구원 요청을 해야 할 것 같았다. 2층 할머니께 인터폰으로 연락을 하니 양수가 터진 것 같다며 병원을 가라고 권하셨다.

불안이 계속되고 안 좋은 생각이 머리를 혼란스럽게 만들었다. 침대에서 안정을 취하고 누워 있다가 일어나며 아이들에게 아빠에게 연락을 해달라고 말했다. 그러나 술에 취한 남편은 장난을 치는 줄 알고 있었다. 시간은 흘러가고 불안한 감정으로 온몸이 부들부들 떨렸다.

진정하려고 이를 악물며 떨리는 손으로 전화번호를 눌렀다. 몇 번을 되풀이 끝에 연결되니 남편도 이상한 기미가 보인 것일까? 급하게 달려 들어왔다.

상황이 긴박하게 돌아갔다. 병원 응급실로 갔다. 응급실에선 산부인과 병동으로 옮겨줬다. 한밤중이라 간호사 혼자 나를 침대에 누이고 손과 발, 배 위에 기계들을 놓았다. 아이의 맥박과 심장 뛰는 소리를 들어야 한단다. 아이가 위험하기 때문이다.

수술이 급하지만 의사가 새벽에 온다기에 기다리는 수밖에 없다. 간호사는 잠을 자라 하지만 잠이 오지 않았다. 아이가 잘못 되지나 않을까 하는 조바심에 긴장감은 더해졌다.

반듯하게 누워 천장을 바라보며 손으로 배를 만져봤다. 아이는 그 좁은 속에서도 잘 참고 있는 듯 심장 뛰는 소리가 들렸다. 심장 소리가 어느 순간에 멎을 것 같은 불안감에 뜬눈으로 밤을 지새웠다. 아이가 무사하기만을 하느님께 빌며 그렇게 새벽을 맞이했다.

이윽고 수술실로 옮겨져 눈이 부시도록 밝은 불빛 아래 수술 가운만 걸치고 아이를 맞이할 준비를 했다. 수술할 부위는 깨끗하게 소독되고 얼굴에 마스크가 씌워지자 어느덧 이내 의식이 사라졌다. 얼마를 잔 것일까, 간호사가 깨웠다. 몽롱하기만 했다. "이제 일어나세요". 몇 번의 부름에 의식이 돌아온 것일까? "아들을 낳았어요. 2.15kg입니다."

밝은 태양이 내 머리 위에서 더욱 찬란한 빛을 비춰주는 느낌이었다. 온 세상을 얻은 것 같았다. 나도 이제는 딸 아들을 다 가진 엄마다.

그동안 아이를 셋씩이나 데리고 다니는 엄마들을 보면 무식하다는 생각이 들었다. 하지만 그때 나의 만족감은 무어라 표현할 수가 없었다.

기쁨이 크면 걱정도 크다고 했던가? 한숨을 돌리고 나니 아이의 몸무게가 걱정된다. "2.15kg이라 인큐베이터에 들어갔어요. 미숙아입니다."

환희로 열렸던 가슴은 또 닫혀버리고 답답해졌다.

인큐베이터의 아이를 본 적이 있지만 나의 아이가 그 속으로 들어갈 거라고 생각해본 적은 없었다.

병실로 옮겨진 나에게 축하의 말이 오고 남편은 좋아했다.

그러나 나는 아이를 보지 못했다. 온몸이 아프고 괴로웠지만 소리 한번 지를 수 없었다. 고통을 참으며 반듯하게 누워 신음을 삼키며 긴 한숨으로 시간을 보냈다.

떨리는 가슴을 진정시키며 얼른 회복해야 한다는 생각만 했다. 이틀째부터는 병원 내에서 걷고 또 걸었다. 뼈가 저리도록 괴로운 몸이지만 미숙아인 아이를 키우려면 엄마가 더욱 건강해야 했기 때문이다.

혼란의 시간은 아이를 면회하는 순간 사라졌다. 그저 안쓰러운 마음뿐이다. 머리카락 하나 없는 아이는 머리에 주사 바늘을 꽂고 있었다.

다른 아이보다 잘 먹어 몸무게가 잘 늘고 있다는 간호사의 말에 내 마음이 진정됐다. 면회시간이면 가족들이 교대로 다녀와 변해가는 아이 이야기를 나눴다. 하루가 다르게 커 가는 아이를 바라보며 긴 수렁에서 빠져나왔다는 안도감 섞인 한숨을 쉬었다.

어머니의 생일상

정월 초 시골집의 겨울은 냉기가 살 속으로 파고들어 두꺼운 이불을 얼굴까지 파묻어야 한다. 그럼에도 새벽 4시, 부지런한 아버지의 기침 소리는 집안을 울리고 새벽 공기의 정적을 깬다.

이윽고 아궁이에 지핀 불덩이로 방구들은 따끈해졌지만 아직도 찬 공기는 코끝에 대롱대롱 매달려 있다.

일어나기 싫은 이 아침, 할머니는 옆구리를 찌른다.

"일어나! 오늘 네 어미 생일이야. 미역국 끓이고 생선 구워 아침 준비해야지."

어제 할머니 엄명으로 수업 끝나고 시장에서 생선을 사왔다.

할머니의 며느리 사랑에 꼼짝없이 일어날 수밖에 없다. 아버지가 먼저 물을 데워 놓아서 그래도 수월하다. 따뜻한 물로 쌀을 씻고 미역을 불려서 끓이는 것쯤이야. 삼대가 사는 집 맏딸은 무엇이든 할 수 있다.

밥솥에 씻은 쌀을 넣고 물을 부어 아궁이에 불을 지펴 지은 무쇠솥 밥, 불린 미역을 넣어 간을 맞춰 양은솥에 끓인 미역국, 석쇠에 구운 생선, 김장김치에 짠지. 밥상엔 맛있는 생일음식이 차려진다.

어머니는 아버지가 돌아가시고 40년, 간혹 즐거움도 있었지만 대부분 서러움과 괴로움으로 버틴 인생이었고 몇 번은 딸이 차린 초라한 생일상을 받았다. 팔팔하고 긴장감이 넘치던 그 성질은 어디가고 이제는 말 잘 듣는 노치원생이다.

아들이 무섭고 며느리는 더 무서운 노년의 삶을 살고 있다.

"이제까지 살아오며 엄마의 고맙다는 소리를 듣는 것이 소원"이라는 나의 말에도 자존심을 굽히지 않던 분이 지난 일요일에 옷을 사 주었다고 "고맙다"고 했다.

어머니는 이제 뼈만 앙상하고 이[齒]는 찾아 볼 수 없는 모습으로 단풍이 물드는 가을을 맞이하고 있다.

눈 오는 밤 공원에서

넘어질까 봐 엉거주춤한 자세로 걷는다. 아파트 응달에는 며칠 전에 내린 눈이 아직도 녹지 않고 빙판으로 남아 있기 때문이다. 그렇게 빙판길을 걷고 나니 다리에 무리가 갔는지 무겁게 느껴진다.

'운동이 부족한 탓이겠지. 운동을 해야지'하는 생각을 하지만 그저 생각일 뿐 실천한 적은 드물다. 운동에 시간을 보낸다는 것이 영 내키질 않는다. 나는 운동과는 거리가 먼 사람이다.

집안일을 하다가 하늘을 보니 흰눈이 탐스럽게 내리고 있다. 그 동안 아이들은 눈이 내리길 학수고대했다. 눈이 쌓여야 집 앞 공원에서 눈썰매를 탈 수 있기 때문이다.

올해는 유난히도 눈이 많이 온다. 주차장에 세워 놓은 차들 위에는 흰눈이 소복하게 쌓였다. 눈이 소복하게 쌓이니 차 주인이 누구인지 알 수 없고 차종도 모르겠다. '눈은 빈부의 격차도 가리면서 공평하게 내렸구나' 생각하며 혼자 웃었다.

외출했다가 돌아오던 남편이 전화를 했다. 야외음악당에서 아이들과 함께 놀자는 것이다. 남편이 식구들을 불러내는 것은 예전에 없던 일이라 아이들의 의견을 물어봤다.

"야외음악당에 눈썰매 타는 사람들이 많다던데, 너희들도 나갈래?"

모두 좋다며 부산하게 각자 물건을 챙긴다.

좋은 동네로 이사와 10년을 살다보니 문화공간과 아이들의 놀이 공간이 많이 생겼다. 눈 오는 날 공원에 가면 어렸을 때 시골에서 보았던 풍경이 펼쳐진다. 언덕에서 비닐포대를 깔고 내려오는 아이들을 보니 즐겁다.

남편은 고무 함지박 바닥에 하수도관 파이프를 대어 눈썰매를 만들었다. 썰매를 들고 딸과 막내아들과 함께 한밤중에 공원으로 향한다.

탐스럽게 내린 눈을 보니 집에 붙어있을 수 없었던 것일까? 옛날을 회상하며 낭만을 즐기려는 것일까? 두터운 방한복을 입은 가족들과 젊은이들도 함께 아파트 정문을 나서고 있다.

야외음악당에 도착하니 먼저 나온 중학생 한 무리가 언덕에서 줄지어 미끄러져 내려오고 있다.

받침도 깔지 않고 내려오다가 교복이 찢어지면 어찌할까? 그래도 좋단다. 함성 소리와 깔깔대며 웃는 소리에 나도 타보고 싶다는 충동을 느꼈다.

이에 질세라 남편과 아이들은 언덕을 비집고 한바탕 미끄러져 내려왔다. 너무 미끄러워 다치기 쉽기에 아이들을 챙겨 다른 곳으로 이동하니 거기에는 눈썰매장에서 볼 수 있는 제대로 된 썰매가 나와 있다.

엄마와 딸이 한편이 되고 아빠와 아들이 한편이 되어 경주하듯이 내려온다. 아름다운 그림 한 폭이다. 오가는 모든 이들의 부러움을 사고 있다.

썰매타기가 싫증 난 우리 가족은 넓은 잔디밭으로 자리를 옮겨 눈사람을 만들었다. 물기 없는 눈은 잘 뭉쳐지지 않았지만 정성을 다한 결과 백옥같이 흰 눈사람이 탄생했다.

눈사람 옆에는 막내가 손이 꽁꽁 얼도록 만들어 놓은 자그마한 꼬마 눈사람이 웃고 있다.

우리 가족은 소복하게 쌓인 눈 위에 벌렁 누워 밤하늘에 빛나고 있는 이름 모를 별의 친구가 되어 이야기를 주고받았다. 싱거운 얘기에도 깔깔 웃다가 다시 조용히 겨울 경치를 감상했다.

옆에 어디서 찾아왔는지 강아지 한 마리가 뒹굴며 자기도 함께 놀아달란다. 강아지를 좋아하던 딸아이가 벌떡 일어나 뛰어다니는 강아지를 잡으려 하지만 잡히지 않는다. 막내도 덩달아 누나와 개를 따라다닌다.

강아지 주인은 멀찍이서 빙그레 웃으며 아이들의 모습을 바라보고 있다. 눈이 오면 제일 좋아하는 것이 아이들과 개라더니 그 말이 맞다. 강아지와 우리 아이들이 이리저리 뛰며 노는 모습은 영화의 한 장면 같다.

오늘 하루를 즐겁게 보냈다. 눈사람을 공원에 남겨놓고 옷에 묻은 눈을 털며 집으로 돌아오는 길, 콧노래가 저절로 나온다.

손금 이야기

미사가 끝난 후 손금 이야기가 나왔다.

왼손을 내보이는 우리 집 두 남자, 생명선은 끝까지 이어졌단다.

가운데 있는 나의 손금은 끊어졌다가 이어지고 또 이어진다. 언젠가 들은 소리가 생각났다.

누군가 이런 손금은 처음 보았다고 했다. 그래서 '25살에 죽음의 문턱까지 갔다가 다시 살아나고 다시 이어져 자식 낳고 오래 살라고 또 이어진 것'이라 하자 '맞는다'고 한다.

어린 아들이 한마디 한다.

"엄마 육십이면 나는 몇 살이지?"

"24살이지."

"그러면 엄마는 또 이어졌으니 장수노인 해라. 그래야 내가 장가가는 것 보지. 응?"

아들이 손을 잡는다.

동창회에 나가니 아들이 군대에 가 있거나 입대 예정이라고 하는 친구들이 있다. 벌써 다녀온 녀석도 있다.

'이제는 며느리 보아야겠구나. 세월이 빠르기도 하지.'

콩나물 교실에서 뒤엉켜 지낸 시절이 눈앞에 그려지는데 아들 키가 장대라며 자랑하는 친구들.

"우리 아들은 나와 놀아주는 철부지 초등학생"이라고 하자 친구들은 혀를 찬다. 언제 키우느냐며 걱정 어린 눈으로 바라본다. 나는 "세월이 키워주겠지"라며 웃었다.

그래도 그 아이가 있기에 나는 행복하다.

아들하고 노는 재미가 있다. 남편이 돌아오지 않은 밤이 되면 둘이 의지하고 있자니 든든하기도 하다. 나이 먹어 아이 키우는 재미가 이런 게 아닌가 한다.

손금을 믿어야 할까? 알 수 없다. 그러나 이어지고 또 이어진 만큼 주어진 삶을 살아가고 싶다.

우리 인생도 '영하, 영도, 영상'이다

방학이 됐지만 손을 다쳐 꼼짝도 못하는 아들에게 5학년 문제집을 사주었다.

학원 두 군데를 보내고 있지만 엄마가 꽃집을 하니 아들 공부에 도움을 주지 못해 성적이 떨어지고 있기 때문이다.

그런 아들이 좋아하는 과목이 있다. 과학이다.

책을 좋아하던 녀석은 신문에서 본 책을 산다며 돈을 마련하려고 애쓰고 있다. 성당에 복사를 서서 받은 도서상품권 5,000원과 노동의 대가로 받아낸 2,500원으로 서점에 가자고 보챈다. 조건부로 사준 두 권의 책이 재미있단다.

이후 아들과 엄마의 신경전이 시작됐다.

숙제를 내준 것을 푸는데 한 과목당 250원, 4과목은

1,000원을 주기로 했기 때문이다. 그러니 방학은 방학이 아니다.

많은 유혹을 물리치고 문제를 풀던 아들로부터 전화가 왔다.

"엄마, 영하는 지하이고 영상은 지상인데 영도는 무엇이야?"

이 무슨 엉뚱한 소리인가? 잠시 생각하다가 이렇게 대답해줬다.

"영도는 일층 바닥이야."

그 엄마에 그 아들이다.

문제를 풀다가 엉뚱한 질문을 한 아들이나 생뚱맞은 답변으로 맞장구치는 나. 역시 우리는 모자지간이 틀림이 없다.

아들은 좋아한다. 대단한 것을 발견해냈다고 만나는 사람들을 붙잡고 물어본다. 그러나 엉뚱한 질문에 나처럼 대답할 사람이 있을까?

별 반응이 없단다. 그렇지만 그래도 신이 난 아이는 엄마의 답이 정답이라고 믿고 있다.

그래, 우리의 인생도 '영하, 영도, 영상'이다.

물감놀이

고요한 아침 모두가 늦잠을 자는데 해가 창문가에 살며시 와 활짝 웃는다.

깬 잠을 다시 이루려 이불을 머리끝까지 올려보지만 해야 할 일이 생각나 서둘러 몸을 일으킨다. 저녁으로 미루어볼까? 아니야. 지금 해야지.

밀가루를 풀어 넣은 솥을 가스 불에 올려놓는다.

가라앉거나 덩어리가 생기면 안 되니 한눈팔지 말고 젓고 또 저어야 한다. 보글거리며 터져 나오는 풀 방울이 두더지잡기 오락기에서 동그란 머리를 한 두더지가 튀어 나오는 것 같다. 어느새 한 솥 가득 걸쭉한 풀이 쑤어졌다. 그림물감을 섞기 위해 세 그릇으로 나눠 담아 놓으니 미술시간이 따로 없다.

색색의 풀 그릇 앞으로 아들과 조카들을 불러들인다.

다용도실에 모조지를 펴놓고 해보고 싶은 대로 하라하니 손에 묻혀 박수를 쳐대는 바람에 세탁기와 벽에까지 풀물감이 튀어 엉망이 됐다.

풀을 묻힌 채 박수를 치면 더 강력한 접착력이 생기는지 손끼리 달라붙기도 한다.

놀이를 시작하기가 힘들지 시작만 하면 흥이 붙는 것은 순식간이다. 당연한 순서이듯 아이들은 손에 이어 발까지 담근다. 손발에 온통 색풀을 칠하고 강아지처럼 기어 다닌다.

온 집안이 색풀로 도배가 됐으니 다른 식구들 눈치가 보이기 시작한다. 할 수 없이 일단은 정지를 시켰다. 그리고 장소를 옮겨 이면지에다 그리고 싶은 것을 손가락을 이용해 그려보라 하니 달팽이, 문어, 꽃 등의 형상이 나타난다.

이면지에 그려진 그림은 베란다로 옮겨 말리는 것으로 끝내려 하지만 흥이 제대로 난 아이들은 진정이 되지 않는다.

늘 그랬듯이 놀이의 끝은 싸움이다. 막내가 무엇에 화가 났는지 갖가지 모양의 그림을 하나로 뭉쳐서 쓰레기통에 버린다.

그렇게 하지 말라고 야단쳤지만 또 한 뭉치의 이면지가 쓰레기통 속으로 처박힌다. 나도 마음을 바꿨다.

'버리고 싶으면 버려라. 이참에 잘 됐다. 청소나 해야지.'

아이들을 씻긴 뒤 물총에 가득 물을 담아 밖으로 내보내니 내 할 일만 남았다.

수세미를 들고 대야에 물을 담아 풀이 묻어 있는 이곳저곳을 닦아냈다. 바쁘다고 며칠간 청소를 하지 못했는데 이를 계기로 청소를 할 수 있게 됐다.

아이들은 오늘 하루가 재미있었을 것이니 좋은 엄마가 되었다. 게다가 청소까지 말끔하게 끝내니 걱정거리도 사라졌다. 생각하기 나름이다.

3

여행 이야기

뿌리를 찾아가는 길

대구로 가족 여행을 갔다.

새벽부터 출발한 차는 가다 서다를 반복한다.

이곳저곳 대구 명소를 둘러보고 집으로 돌아오는 길에 아들이 한 곳을 더 보고 가자고 하여 달성에 있는 사육신 사당을 들렀다. 삼촌에게 왕권을 빼앗긴 어린 왕 단종의 복위를 꾀하려다 숨진 사육신들을 모신 사당이다.

고택인 태고정은 사육신의 한 분인 박팽년의 후손인 박일상이 건립했다고 한다. 태고정이 있는 묘골은 박팽년의 후손인 박일상으로부터 500년 동안 후손이 거주한 순천 박씨 집성촌이다.

태고정과 묘골마을에 다녀온 뒤 몇 년 동안 나의 머릿속에 담아뒀던 일을 실천하기로 하였다. 자식에게 뿌리를 찾아주자는 말에 시큰둥할 줄 알았던 남편도 오케이다.

그래서 강릉으로 출발했다.

난 강릉 김가다. 조부모님은 항상 족보를 펴고 무엇인가를 찾으셨고 강릉에서 행사가 열린다는 말씀을 누누이 하셨다. 그 옆에서 족보를 구경했던 나의 깊은 의식 속에도 어느 틈엔지 강릉 김 문중의 혼이 들어앉아 있었다.

명주군왕 묘는 높은 곳에서 우리를 바라보고 있었다. 신라 원성왕은 786년(원성왕 2년) 자신의 즉위 과정에서 경쟁하다가 실패해 명주로 퇴거한 김주원을 명주군왕으로 책봉하고 명주 일대를 그의 식읍으로 하사하였다.

묘를 참배하고 다음으로 찾은 곳은 김시습의 유적지이다. 김시습은 자랑하고 싶은 조상이다. 그분의 피는 미흡하지만 글쓰기를 좋아하는 나의 몸에도 흐르고 있을 것이다. 김시습은 평생 처사로 방랑하며 벼슬길에 오르지 않았다. 단종에 대한 절개를 지킨 충정은 후대에 널리 인정받아 생육신으로 추앙받고 있다.

『금오신화』의 작가로서 당대에 문명을 날린 천재였지만 그의 삶은 '동가숙 서가식' 떠돌이의 신세였다.

그의 문학관을 돌아보고 그의 시를 읽으며 그의 삶속으로 들어가는 시간은 행복하고 뜻깊었다.

항상 짧은 일정으로 관광지만 돌고는 여행을 다 했다고 했다. 그러나 이번 강릉 여행에서는 나의 뿌리를 생각했다.

연이어 아들의 본향을 찾았다. 남편과 아들은 연안 김씨다. 그러나 휴전선 너머 연안은 갈 수 없는 곳, 남한에 있는 후손들이 터를 잡은 곳은 양평이다.

아침부터 비가 부슬부슬 내린다.

연안 김씨의 시조 김섬한(金暹漢, 고려 국자감 사문박사)은 김알지의 후손이다. 양평군 강하면 왕창리엔 김자지(金自知), 김여지(金汝知) 묘와 신도비가 있다고 하나 풀이 우거져 먼발치에서만 바라보고 사당 경원재에 들러 조상님들께 예를 올렸다.

경원재에는 시조 김섬한부터 7세손까지 위패가 모셔져 있다. 재실은 높게 자리 잡고 있어 전망이 좋고 뜰은 넓어 거닐기에 좋았다.

아들은 신도비 하나하나를 빼놓지 않고 모두 사진 속에 담아 넣었다.

역사를 공부하는 학생으로서 바람직한 자세다. 조상의

발자취를 가슴속에 깊이 새기고 싶은 마음도 컸을 것이다.

십여 년 전 남편과 나, 아들은 조선 왕릉을 참배한 적이 있다. 아들과 나는 이런 기회는 오지 않을 거라고 능 입구의 홍살문에서 4배를 하였다. 주말마다 이어진 능 참배로 인해 아들의 무릎에 상처가 생길 정도였다.

그러나 기억 속에 길이 남겠지. 누구도 잘 하지 않는 일이었으니. 그때 아들은 무슨 생각을 했을까?

모기와 싸움을 했고 먼 길을 오가는 고된 일정이었지만 조상의 발자취를 돌아보며 핏줄이 이어져 온 두 집안의 유적을 보았다. 소중한 삶에 감사하는 마음으로 살아주길 바라는 엄마의 소망이 담긴 시간이었다.

화성의 야경에 반하다

화성(華城)을 목적 없이 걷는 것은 쉽지 않아서 제대로 걸어볼 기회가 별로 없었다.

그런데 마침 아이의 여름방학 숙제가 화성을 돌아보고 정조의 발자취를 느껴보는 것이란다. 우리 가족이 생각한 것은 '화성 야경 돌아보기'였다.

수원이 자랑하는 화성은 많은 국내외 관광객들이 찾는 곳이기에 정성스럽게 관리되고 있다.

우리 집에는 '화성에 미쳐 있는 사람'이 하나 있다. 남편이다. 남편은 정조의 뜻을 이어받기를 원하는 사람이다. 그에게 화성을 걷는 것은 자신의 정원을 산책하는 것이나 다름없다. 차를 타고 지나면서 바라보는 화성에는 조명이

들어와 아름다움을 배가시킨다. 성을 쌓은 조상님들께 고맙다는 생각이 절로 든다.

여름인지라 초저녁이 됐어도 땀이 흘렀지만 행궁을 시작으로 화성을 돌아보기로 하였다. '출천지효(出天之孝)', 효자아들인 정조대왕을 생각하며 부모님을 떠올렸다.

숙제를 하러온 입장에서 걷는 화성은 운동 삼아 걸었을 때와는 느낌이 달랐다. 어느 한 곳도 허투루 지나칠 수 없었다. 적군을 막기 위해 건축된 누각과 포루의 설명 하나하나를 꼼꼼하게 머릿속에 새겼다. 팔달산 중턱에서 바라보는 행궁은 조명까지 들어와 황홀했다.

남편은 사진을 찍는 아들에게 "여기서 찍어봐라. 아니, 그 방향이 아니고 이쪽이야!" 하며 행궁의 야경을 여러 각도에서 찍으라고 권하였다.

어두컴컴한 성벽 길을 걷노라니 모기들이 달려들었다. 모기와의 전쟁이 고통스럽기는 하였지만 만족할 만한 화성 야경 구경이었다.

동쪽을 따라 성을 돌아보니 성 주변에서 살고 있는 사람들이 부러웠다. 각양각색의 옷차림으로 성을 걸으며 운동하는 이들은 건강미가 넘쳤다.

화성의 야간 경관은 아름다웠다. 낮에는 발견할 수 없는 화성의 묘미가 있었다.

그해 여름 더위를 광교산에 두고왔다

파도 소리가 귓가에서 맴도는 듯하다.

푹푹 찌는 도심의 더위 속에서 시원한 바람이 부는 그늘과 맑고 차가운 물이 그리워지는 계절, 여름이 된 것이다. 텔레비전에서는 도시를 떠나 산골짜기, 바닷가로 피서를 떠나는 사람들의 모습이 소개되고 있다.

그해 여름 우리 가족은 더위를 피하기 위하여 광교산으로 한나절 휴가를 갔다.

산 입구 보리밥집에서 점심을 해결한 뒤 과일을 싸들고 찾아간 곳은 작은 계곡이었다. 장마가 끝난 다음이라 그런지 산골짜기에서 흘러내려오는 맑은 물이 더위를 식혀주기에 안성맞춤이었다.

모두가 바닷가로, 먼 산 계곡으로 떠나니 도시의 변두리에 있는 산속은 물소리만 들려 한적했다. 인파로 뒤덮인 유명 피서지보다 훨씬 좋았다.

숲속에 둥지를 틀어 놓은 것 같은 아늑한 골짜기에 자리를 잡고 앉으니 세속의 잡념은 물소리에 빨려 들어가 사라지고 청정한 정신만 남아 있는 것 같았다.

흘러내리던 물은 움푹 파인 곳에 잠시 머물며 옹달샘을 이루고 넘쳐난 물은 아래로 끝없이 내려갔다.

아침만 해도 집에서 나오기 싫다던 아이는 옷을 훌훌 벗어놓고 물속으로 들어갔다.

누가 가르쳐 준 적도 없는데 돌로 둑을 쌓는다고 돌을 모으느라 손놀림이 빨라진다. 돌이 쓰러지지 않도록 다지고 또 다져서 쌓으니 작은 댐이 하나 생겨났다.

어린 시절 비가 오면 흙으로 둑을 쌓은 뒤 호박 줄기를 꽂아 물이 밑으로 쏟아져 내리게 하면서 놀던 기억이 새롭다.

정성들여 막아놓은 물은 돌 틈 사이로 흘러내리고 아이는 신이 났다.

간간이 들려오는 비행기 소리가 골짜기의 고요함을 깨트

리기는 하지만 이내 새소리와 매미 소리가 그 뒤를 이었다.

그때 청솔모 한 마리가 숲의 적막을 가르며 달려 나왔다. 우리를 발견하자마자 쏜살같이 도망쳐 바위틈으로 줄행랑을 치니 날씬한 자태를 오래 볼 수 없어 안타까웠다.

사정상 멀리 떠날 수는 없었지만 오가는 고생 없이 돈 안 드는 가까운 곳에서 즐기니 그런대로 휴가다운 맛을 느낄 수 있었다.

그 여름 무더위를 광교산 숲속에다 두고 왔다.

나제통문(羅濟通門)에서 이산의 아픔을 생각하다

일요일 새벽은 부산했다. 우리 가족이 함께 떠나는 유적지 답사 여행 날이기 때문이다. 바쁘게 하루를 시작했다.

졸음을 쫓지 못해 마냥 자고 있는 아들을 그대로 안고 떠났다. 나 역시 마찬가지여서 관광버스를 타자마자 졸음이 쏟아졌다.

그러나 모처럼의 여행인데 잠만 잘 수는 없다는 생각에 눈에 힘을 바짝 주며 견뎌내려 했다.

밖의 경치는 초여름답게 푸르렀다. 모내기를 한지 한 달 정도밖에 되지 않았지만 벌써 벼 포기가 벌어져 논바닥이 보이지 않는다.

몇 시간을 비몽사몽하며 잠과 씨름하다가 차가 서 있기에 주위를 둘러보니 휴게소였다. 나는 아들하고 차 안에 앉아 있었다.

그런데 밖에 다녀온 남편이 빨리 내리지 않는다고 채근했다. 남편을 멍하니 쳐다보며 휴게소에 볼일이 없다고 하니 이곳이 우리가 거쳐 가야할 코스인 나제통문이란다.

전라북도 무주군 설천면에 있는 작은 터널이다. 길이가 20m 정도인데 이 지역이 예전에는 신라와 백제의 접경지대였다고 한다.

나중(1925년)에 석모산를 돌아 설천에서 무풍면을 지나 경남 거창군으로 가는 지방도로에 산을 뚫어 굴을 냈다고 한다. 이 굴을 경계로 하여 동쪽의 무풍지방과 서쪽의 설천면은 언어, 풍습 등에서 판이하다고 한다.

잠을 털어내며 차에서 나와 굴이 있는 곳으로 가보니 돌산을 뚫어 굴을 낸 것밖에는 구경할 것이 없었다.

엉성하게 지은 초소에 수문장이 두 명 있는데 한 수문장은 지붕 위에 앉아 장난을 치고 있었고 또 한 사람도 지루함을 달래기 위해 이곳저곳 어슬렁거리고 있었다.

예전에 백제와 신라가 있었을 때는 저 수문장들도 자기 몫을 다했을 것이라는 생각이 들었다.

그러자 백제와 신라의 용맹스러운 장수들의 싸움이 영

화의 한 장면처럼 연상됐다. 그리고 군사들의 함성소리도 현실처럼 쟁쟁하게 재현됐다. 시간이 흘러도 그 장면은 사라지지 않았다.

굴 앞에는 큰 다리가 놓여 있고 차들이 통행하고 있었다. 그리고 잠망경으로 세상을 보는 듯, 굴 밖은 평화로워 보이는 농촌마을이 잘 그려진 수채화같이 펼쳐져 있었다.

산골짜기를 따라 내려오는 물줄기가 바위에 부딪히면서 청량하게 스쳐지나고 있었다. 나는 산을 뚫어 만든 굴보다는 흘러가는 물줄기에 더 심취했다.

절벽의 폭포에서 내리 쏟아지는 것은 아니지만 커다란 바위에 부딪혀 하얀 물거품이 이는 모습은 뛰어들고 싶다는 충동을 일게 했다. 그러면 줄줄 흐르는 땀방울이 쏙 들어가겠지.

짧은 일정 탓에 그곳에서 오래 머물지는 못했지만 차로 돌아와 잠시 생각에 잠겼다. 옛 조상들이 살았던 그 시대 속에서의 나를 연상해보기도 했다.

이 더운 여름날에도 긴치마에 고쟁이 입고 저고리까지 걸쳐 입었을 것이고 더워서 문밖 출입도 할 수 없었겠지. 청바지에 짧은 티셔츠를 입은 내 모습을 조상님들이 보시면 "이 놈 그 꼴이 무엇이냐?" 하셨겠지.

예전에 우리 할아버지도 그러셨다. 치마가 짧아도 야단치시고 뛰어다녀도 야단이셨다. 할아버지는 지팡이에 갓을 쓰시고 두루마기를 입으셨다.

지금 본 나제통문이 마치 오늘 우리의 현실인 휴전선일 수도 있겠다고 생각했다. 나제 시대의 접경지, 그리고 나제 시대 어느 시점에서는 두 나라의 휴전 지역이기도 했을 것이다. 그때에도 오늘의 우리처럼 서로 왕래조차 못하는 이산가족이 있었을까?

6·25를 49번째 맞이하는 오늘, 우리의 부모님과 조부모님들이 겪었던 이산(離散)을 생각했다. 전쟁의 상처를 어머니로부터 귀에 못이 박히도록 들으며 자랐다.

수많은 시신들을 처리하지 못해서 산을 파내어 한꺼번에 묻었다는 이야기며, 이루 헤아릴 수 없는 전쟁의 비참한 일과 전쟁이 끝난 뒤의 이산가족의 한이 서린 이야기들……. 그리 멀게 느껴지지 않는 일이다.

하지만 오랜 세월이 흘러가면 지금의 내가 나제통문에서 그때의 역사를 유추하듯, 먼 후손들도 통일된 나라의 '휴전선 유적지'를 방문해 6·25 비극과 분단의 역사를 이야기할 것이다. 6·25의 아픔도 이산의 슬픔도 다 사라진 시대의 유물로 남을 것이란 생각을 한다.

삼남(三南)길을 걷다

추위가 절정이던 2020년 12월 25일 금요일 성탄절이다. 하지만 코로나19로 갈 곳이 없어진 2박3일 연휴를 어찌하랴!

선택한 것이 삼남길이다. 남편, 작은딸과 함께 남태령 고개를 오른다. 시작이 반이라지만 초반부터 숨소리가 거칠어지고, 심장의 두근거림이 심해지지만 설렘이 함께하기에 걸을 만하다.

추위를 견디기 위해 두툼한 외투에 장갑, 머리를 보호하기 위한 모자와 마스크. 누가 날 알아볼 수 있을까?

옛 선조들이 걸었던 길을 걸어본다는 것 하나만으로도 가슴이 벅차다.

남태령 고개 아랫마을을 지나며 나의 어린 시절을 회상했다. 쭉 뻗은 도로를 지날 때는 성인이 되어 세상을 살아온 세월을 생각했다. 개울 옆을 지나 산길에 오를 때는 낙엽이 쌓여 미끄러웠다. 내려갈 때는 눈썰매도 아닌 낙엽썰매를 타고 내려왔다. 길을 찾기 어려운 데다 개까지 짖어대니 더 어려워 여기저기 헤맬 수밖에 없었다.

역시 순탄한 것은 없다. 첫 구간부터 시련을 겪어야 했다. 인생길도 같다. 맑은 날이 있으면 흐린 날이 있다. 그래도 세 사람은 발걸음을 멈추지 않는다.

과천종합청사를 지나며 높은 벽을 본다. 삭막하다. 그나마 앞으로 흐르는 개울물이 마음을 넉넉하게 해준다.

과천 시내를 지나다가 들어선 곳은 개발지역이었다. 이곳에서 옛길이 사라졌다. 길을 찾으며 마지막으로 들어가본 길은 바로 공사판이다. 공사장 현장직원이 위험하다며 나가란다.

이어 도착한 곳은 인덕원 옛터, 과연 누가 알아볼 수 있을까?

둘째 날 코스는 인덕원 길이다. 과천과 안양을 잇는 길, 경기 남부의 요충 교통로다. 하지만 세월이 흘러 많이 변했다. 하천변은 걷기 좋은 길로 가꾸어져 코로나19로 지친 시민들의 놀이터이자 운동코스였다. 도로는 잘 정비됐고 곳곳에 운동기구, 징검다리가 놓였다.

백운호수는 강추위로 꽁꽁 얼었다. 오리떼는 무엇을 먹고 살까. 측은한 마음을 간직한 채 넓은 호수의 겨울 풍경을 눈에 가득 넣고 길을 재촉했다.

둘째 날의 코스는 순탄하고 평이하게 마무리됐다.

크리스마스 연휴 3일째 걸은 길은 모락산 길이다.

강추위에 손이 꽁꽁 얼었다. 모락산 길은 과거를 보기 위해 한양으로 가는 이들이 걷던 길이다. 옛길이 사라지는 곳이 있었다. 대규모 아파트단지를 조성하기 위한 토목 공사장이 있어 우리의 걷는 길은 또다시 막혔다.

단지가 조성되더라도 그 사이로 옛길을 보전할 수 있었으면 좋겠다는 생각을 하며 발길을 돌렸다.

제3길 모락산길에서 세종의 넷째 아들 임영대군 묘역을 만났다. 김장의 묘역도 있었는데 김장의 아들들을 시작으로 100여 년간 6명의 정승을 배출한 명문가인 청풍 김씨 세거지가 바로 우리가 걷던 산길 아랫마을에 있었다.

산을 넘느라 체력이 소진되었다. 잠시 쉬며 김밥 한 줄로 힘을 얻은 후 의왕 시가지 쪽으로 길을 잡았다. 정조 임금이 능행차 길에 쉬곤 했던 사근행궁 터를 지나 골사그네길로 접어들었다. 산길 오르내리기를 거듭하니 몹시 다리가 아프다.

이렇게 연휴 3일을 뜻깊게 보냈다. 옛 조상들의 발자취를 직접 걸으며 느껴보는 시간이었다.

일주일 후, 신정연휴 3일이 시작돼 또다시 삼남길 여정에 올랐다.

골사그네길을 지나 수원으로 들어오는 산길이라 걷는 사람은 보기 드물다. 가끔 그 동네 사람들이 운동 삼아 산행을 하고 있었다.

수원의 관문인 지지대 고개에 당도했다. 정조 임금이 아버지가 잠들어 계신 현륭원을 찾았다가 돌아가기가 못내 아쉬워 걸음을 늦췄기에 생긴 이름이다.

산등성이를 넘어 서호천을 향해 걷는다. 서호천을 가기 위해 걷는 하천길은 지루하다. 아파트촌 사이로 난 하천길을 따라 걸으니 다시 다리가 아파온다.

볼 수 있는 것은 시멘트 아파트숲뿐, 정말 따분한 길이다. 수원의 중심은 화성이고 정조 대왕의 능행길도 화성과 화성행궁을 거쳤는데 어째서 수원 통과구간을 아파트단지의 하천을 통해서 가게 만들었는지 이해가 되지 않는다. 경기도가 걷기 좋은 곳으로 보완해서 만들었다고는 하나 수원화성을 거치지 않는 삼남길은 의미가 없다는 생각이 들었다.

수원화성을 볼 수 없었던 구간 서호천 농민회관 앞에서 어묵을 먹으며 하루를 마감했다. 이제는 화성시, 오산시, 평택시에 걸쳐 있는 10km까지의 여정이 남아있다.

삼남길 걷기는 2월까지 계속됐다. 마지막 10구간엔 아들도 합류했다.

이번 겨울은 주먹밥, 김밥, 약간의 간식을 들고 삼남길을 열흘간 걸으며 뜻깊게 보냈다.

괴나리봇짐에 짚신을 메고 한양으로 과거시험 치르러 가던 옛 선비의 모습은 아닐지라도, 고을고을을 지나면서 그 지역의 특산물, 고장의 생김새를 눈에 가득 담아두는 뜻깊은 시간이었다. 두터운 겨울 외투의 무거움과 얼굴로 파고드는 찬바람, 뻐근한 다리 등의 고통마저도 즐거웠던 겨울이었다.

수원 여민각 종(鐘) 주조 현장에서

종은 흔하다. 자명종에서부터 두부장수의 작은 종, 지금은 사라진 학교 종, 절집의 범종에 이르기까지 주변에서 흔히 볼 수 있다. 종은 이 같은 일상에서부터 중요한 일에까지 사용된다. 한 해를 시작할 때의 종소리가 대표적이다.

종로의 보신각종, 수원의 효원의 종이 그렇다. 힘찬 소리를 들으며 밝은 한 해를 설계한다.

깊은 산 절집에서 울리는 종소리를 들으면 숙연해진다. 그 자리에 무릎을 꿇고 속죄를 해야 할 것만 같은 생각이 든다. 그러면서 마음을 다시 한 번 다잡아 본다.

화성행궁을 중건 복원하면서 예전에 종이 있던 종로에 종각을 세우고 종을 설치한다는 얘기를 들었지만 내 일이 아니라는 생각에 금방 잊어버렸다.

그러던 어느 날 수원 종로 여민각에 설치할 종을 만드는 현장에 갈 기회가 생겼다. 종틀에 쇠를 녹여 붓는 작업을 하는데 구경을 가보지 않겠냐는 남편의 말을 들은 것이다. 흔치 않은 기회라 작은딸과 함께 따라나섰다.

충청북도 진천이라 서둘러야 한단다. 열한 시가 넘어서 도착하니 한참 쇠를 녹이고 있었다. 용광로가 여섯 개씩 양쪽으로 나누어진 곳에서 빨건 불덩어리가 이글거리고 있었다.

구경할 것이 많았다. 쇳물을 녹이는 용광로에서 불꽃이 위로 솟아오르고 불꽃이 파란색 녹색으로 변해갈 즈음에 온도를 측정하더니 1,000℃가 넘는단다. 상상을 할 수 없는 온도다.

쇳물을 옮겨 담을 통에도 숯불을 피워 예열을 하고 있었다. 쇳물을 옮겨 담으면 급속도로 열이 빠져나가는 것을 방지하기 위해서란다.

1,200℃가 되어야 한다더니 1,100℃ 가까이 되자 용광로 속의 쇳물은 붉은 물이 되었다. 아름다운 선홍색 빛깔이다.

기포를 없애기 위해 납덩어리도 넣었다.

쇳물은 용광로에서 중간 통으로, 다시 두 개의 커다란 통으로 모아지더니 종의 모형이 만들어진 가마틀로 들어가기 시작한다. 옛날 에밀레종을 만들 때는 쇳물을 녹여 위에서 부었다고 하던데 지금은 기포를 없애기 위해 아래에서 쇳물을 채운다고 한다. 붉은 쇳물이 차오르기 시작하더니 종의 머리 위까지 순식간에 차올랐다.

기계를 가지고도 저렇게 힘들게 만들고 있는데 예전에는 어떻게 만들었을까? 선조들의 지혜가 놀랍다.

대부분의 절집에는 범종이 있다. 그 종을 만들기 위해서는 어김없이 이렇게 힘든 과정을 겪어야 했을 것이다. 목욕재계를 하며 몸가짐을 깨끗하게 했을 것이고 입 조심도 하고 좋은 것만 보고 좋은 생각만 하였을 것이다.

지금을 살아가는 우리는 모든 것을 쉽게만 생각한다.

1년이라는 공정을 기다리면서 만들어낸 종, 후손들에게 길이길이 물려줄 유산이기에 정성을 다하는 저 사람들. 그 뜨거운 열기를 온몸으로 받아내면서 열정을 쏟아내는 모습은 태어나서 자주 볼 수 없는 일이기에 빠짐없이 귀에 담고 눈에 넣었다. 감사의 마음이 절로 일었다.

완성된 종의 형태는 볼 수 없었지만 우리나라에서 가장

큰 종이라고 했다. 숙연한 가운데 수원 종로 여민각의 종에 쇳물을 넣는 공정이 끝났다. 가마 속에 숨어 있는 거대한 종이 아름다운 소리를 낼 수 있는 종으로 완성되어 수원 땅으로 올 날을 기다리며 발걸음을 돌렸다.

4

살아가는 나날

나는 플로리스트

그동안 경제가 어렵다는 소리가 여기저기서 들려왔지만 무엇이 어려운지 실감을 못하며 살았다. 매달 날짜 한 번 어기지 않고 들어오는 월급이 있었기에 주어진 금액에 맞게 살아가면 됐다. 큰 어려움을 모르고 살았다.

겨울이 막바지에 다다랐던 그해 '꽃화성'이라는 상호를 걸고 대여섯 평짜리 작은 공간에서 컴퓨터 한 대와 리본을 뽑는 프린터기 한 대, 아파트에서 쓰던 작은 받침대 하나로 꽃집을 시작했다. 선택의 여지가 없었다.

취미생활이 직업으로 변해가는 순간이었다.

동양란, 서양란조차 구분 못하던 때였다. 취미생활로 수반이나 오아시스에 꽃을 꽂았던 것이 고작이었던 나였다.

이후 생존경쟁의 현장에서 머리를 쥐어짜며 이리저리 뛰어야 했다.

꽃집이라면 보통은 곱게 차려입고 예쁘게 화장한 단정한 여인이 꽃을 꽂고 있는 장면을 생각할 것이다. 그러나 예쁜 꽃을 다듬느라 손은 갈라지고 터진다. 어떤 직업인들 어려움이 없겠냐만 꽃집 운영 역시 어려움 속에서 고통을 참아내야 한다.

씨앗이 움트고 자란 뒤 봉오리 상태로 잘려 상품으로 들어온다. 꽃집에서 활짝 핀 꽃은 사람의 일생으로 치면 장년기라고 할 수 있다. 보는 이를 기쁘게 해주고 시들어 사라지는 것이다. 꽃의 운명은 이런 것이구나 하는 생각도 했다.

꽃집 문을 연 뒤 주문이 들어올 때마다 가슴이 떨렸다. 어떻게 만들어야 할지 구상이 막막할 때도 있었다. 가끔은 핀잔도 받았다. 작품성만 있지 상품성이 없단다.

그렇다. 상업적인 꽃꽂이를 배운 적이 없었기 때문이다. 그래서 더욱 연구를 해야 했다. 홀로 즐기는 꽃이 아닌 모든 이가 좋아하는 꽃다발, 꽃바구니로 만들어야 했다. 그러다보니 어느 때는 절망감에 빠지기도 했다. 하루 빨리 두려움에서 벗어나 모두에게 사랑받는 한눈에 쏙 꽂히는 작품을 만들어내야 했다. 무거운 과제였다.

플로리스트인 나의 아침은 어김없이 온다. 피곤한 몸을 끌고 꽃집 문을 연다. 의자에 앉아 긴장한 채 꽃과 마주한다. 기도도 해본다. 이 꽃을 받는 모든 이가 감동받고 사랑을 느낄 수 있게 해달라고.

귀뚜라미

오곡백과의 결실을 맺게 해주신 천지신명과 조상님께 감사드리는 추석이 다가올 때면 이산 저산에서 조상들의 산소를 돌보는 벌초가 이어진다.

우리 집 벌초를 하는 날, 아이들은 소풍이나 가는 것처럼 곤충 채집통과 잠자리채를 챙기고 뛸 듯이 기뻐하며 차에 올라선다.

시골이라고 해야 한 시간 정도밖에 되지 않는 거리지만 노래도 부르고 끝말 이어가기도 하며 잠시도 입을 쉬지 않는다.

그럴 법도 하다. 처음 가보는 조상들의 무덤이라 어떤 곳인가 궁금하기도 할 것이다.

시골길로 들어서자 포장된 도로는 끝나고 동네를 지나는 꼬불꼬불한 비포장 길에서는 황토먼지가 풀풀 날린다. 차 안으로는 '시골향수'라는 소똥 냄새가 물씬 풍겨온다. 아이들은 얼굴을 찡그리고 코를 막는다.

산속에 도착, 차를 풀숲에 세워놓고 문을 여는 순간부터 모기떼와의 전쟁이 시작됐다. 수풀 속에서 방아깨비, 여치, 귀뚜라미가 우리를 반겨주지만 제일 환영하는 놈들은 모기다.

산언덕을 넘어 찾아간 곳에는 조상들의 무덤이 차례를 지키며 누워 있다.

옛 추억이 떠오른다. 학교 가는 길에는 무덤이 10개나 모여 있어 그곳을 지날 때는 도망치듯 달리곤 했다. 뒤를 돌아보면 따라오는 사람도 없고 귀신도 안 보이건만 등·하교 하루 두 번씩 가슴 졸이던 그 곳이 생각났다.

그러나 지금 내가 서 있는 이곳에서는 무서운 느낌이 없다. 내 조상님들이 묻힌 곳이라 그런 걸까?

벌초가 시작됐다. 낫으로 베기에는 너무 넓어서 예초기가 여러 대 동원되어 시끄럽다. 쇠갈퀴로 긁어내리는 잡초 속에서는 메뚜기, 방아깨비, 여치가 이리 뛰고 저리 뛴다.

아이들은 이 곤충들을 잡아 채집통에 넣느라 자기들끼리 바쁘다.

해가 서쪽 바다를 향해 넘어가며 붉은 노을을 만들 때쯤 일은 마무리됐다. 억새 줄기와 잡초는 한군데로 모아놓았다. 깨끗하게 이발한 산소를 보며 흐뭇한 기분이 들었다.

아이의 채집통에 가득 들어있는 곤충 속에는 귀뚜라미도 몇 마리 있다. 답답하다고 푸덕거리지만 차 뒤 트렁크 속에 실려 도시 한복판 아파트로 강제 이주됐다.

귀뚜라미는 먹을 것이 없는 곳에서는 서로를 잡아먹기도 한다고 해 먹이를 넉넉히 주었지만 좁은 통속에서 서럽게 울어댄다. 고단하고 힘든 하루를 쉬기 위해 누운 나의 잠을 깨울 정도다.

아이들의 귀중한 보물이라 놓아줄 수도 없다. 그렇게 울다가 날개를 펼치고 비상을 시도하지만 사방이 막힌 곳이라 이내 포기하고 만다.

같이 있던 방아깨비, 잠자리는 모두 죽어갔지만 귀뚜라미는 끝까지 남아있었다. 생김새도 건강해보이고 딱딱한 머리와 튼튼한 다리로 잘 버텨낸다.

어느 날인가 채집통을 탈출한 귀뚜라미가 온 집안을 다니며 낮이나 밤이나 울어댔다. 무엇을 먹고 자라는지 알 수 없지만 거실 후미진 곳에서, 어느 때는 베란다 구석에서 끈질기게 울며 생존을 알렸다.

가끔은 나타났다가 이내 어디론가 숨어버리는 귀뚜라미. 고향을 그리워하며, 수풀 속을 추억하며 울어대는 것일까? 어느 날부터인지 낮에는 조용히 있다가 밤이 되면 어디선가 구슬프게 울고 있다.

이제라도 나타나 준다면 아파트 수풀 속으로라도 보내주고 싶지만 꼭꼭 숨어서 힘없이 울어대는 귀뚜라미가 안타깝다.

개구리의 문상

비는 부슬부슬 내리고 거리에는 가로등이 하나둘 켜진다. 어둠이 채 내리기 전의 거리는 자동차의 라이트까지 합세하여 운전을 하기 힘든 상황이다.

찌는 듯한 날씨에 습도 때문에 몸에서는 땀내가 진동하니 꽃집 문을 내리고 얼른 집에 들어가 샤워를 한 뒤 큰 대자로 누워 쉬고 싶다는 생각뿐이다.

셔터를 내리려는 찰나, 전화가 왔다. 조금 전에 출발한 근조화환에서 하자가 생겨 리본을 바꾸어 달라는 아낙의 하소연이다. 이를 뿌리칠 수 없어 산속에 자리 잡고 있는 수원시연화장을 향해 차를 운전했다.

밤에는 연화장 배달이 꺼려진다. 여자의 몸으로 어둡고

으슥한 산길을 혼자 운전하는 것은 무섭다. 장례식장으로 꽃을 보내는 일을 하고 있으면서도 선뜻 내키지 않는다. '삼가 고인의 명복을 빕니다'를 주문처럼 되뇌며 차 문을 잠근 채 어둠 속을 달리고 있다.

얼마 전에도 친구가 하늘나라에 갔다고 하여 찾아가다 길을 잘못 들어 아무도 다니지 않는 곳에서 U턴을 하고 다시 되돌아오던 길을 돌아 장례식장으로 향했다. 가는 도중에 차에서 이상한 냄새가 났지만 무시하고 도착해 보니 차 앞바퀴가 펑크나 주저앉아 있었다.

그 상태로 언덕을 내려 왔는데 차가 뒤집히지 않은 것이 용하다. 고인들이 날 지켜주었구나 하는 생각에 "감사합니다"라는 소리가 저절로 나왔다.

이런 생각에 잠겨 리본을 들고 이층 장례식장으로 올라가 허둥지둥 리본을 바꿨다. 일을 마치고 계단을 내려오면서 비로소 가슴이 뚫린 듯한 느낌을 받았다.

그런데 몇 발짝을 떼는 순간 개구리의 울음소리가 들렸다.

무슨 사연으로 돌아가셨대?

연세는?

가족은?

꽃이 들어오네.

가족이 많은가 보지?

그런데 곡소리가 들리지 않네. 우리가 울어줄까?

개굴개굴 개굴개굴…….

이승을 떠나는 영혼들을 위해 쉬지 않고 곡을 하는 개구리들이었다. 살아생전 하고 싶은 일 다 못하고 가는 망자의 한을 풀어 주기라도 하는 양 울고 또 울어주고 있었다. 고인들의 넋을 위로하고 달래며 아름다운 곳으로 가기를 기원하는 소리 같아 발을 멈추고 한참동안 개구리 소리를 들었다.

달팽이

풍성한 자연 속에서 싱그런 흙냄새를 맡으며 살다가 어떤 경로인지는 모르지만 아파트 좁은 공간으로 실려 왔다. 자유롭던 지난날은 추억 속에 묻어 두고 도시로 강제 이주해 좁은 미로찾기 학업에 열중해야 하는 녀석들. 조약돌보다 작은 달팽이들은 더듬더듬 제 앞을 가늠하며 가고 있다.

비록 넓은 초원은 아니지만 사각 그릇에 흙을 넣고 조약돌을 깔아 잠자리를 마련해 줬다. 채소와 달걀껍질로 영양보충을 시켜가며 시골 느낌을 주려고 갖은 정성을 다해 본다.

그래도 밖으로 기어 나오는 녀석들, 제 살던 그곳을 못 잊어 돌아가고픈 것일까?

언제쯤 향수병에서 벗어나 현실에 만족을 느끼고 새로운 가족들과 정을 나누며 살아갈 수 있을까?

그렇지만 아이들은 하루에도 몇 번씩이고 들여다본다. 손바닥에 올려놓아도 보고 긴 더듬이에 살그머니 손도 대보려고 한다. 하지만 녀석들은 기겁을 하며 제 껍데기 속에 몸을 숨겨 버린다.

어느날 아이들은 달팽이를 꺼내 실험도 했다.

칼날 위도 잘 다닌다는 얘기를 어디서 들었나보다. 사실이었다. 칼날 위에 올려놓았으나 긴 더듬이를 쭉 빼고 무사히 기어간다. 아이들은 그 모습에 가슴이 조마조마, 긴장하면서도 신기하게 바라본다.

나도 걱정이 되었다. 그러나 달팽이는 날카로운 칼날 위를 가면서도 상처 하나 나지 않고 유유히 잘도 통과한다.

다음 코스는 끈끈한 테이프다. 테이프에 착 달라붙어 움직이지 못할 것이란 예상을 했지만 배로 미끄러지듯이 거뜬하게 기어다닌다.

실험을 마친 달팽이는 피곤함이 몰려온 듯 미동도 없이 쉬고 있다.

며칠이 지났다. 흙 속에서 꼼짝도 하지 않는 모습이 심

상치 않다. 물을 뿌려 축축하게 해 주고 먹이를 옮겨주면 마지못해 먹고는 다시 흙 속으로 들어간다.

어느 날 들여다보니 하얀 알같이 생긴 것이 이곳저곳에 소복하게 쌓여 있다.

아이들은 서둘러 책을 찾아본다. 한참을 뒤적이던 아이들이 합창하듯 소리를 지른다. "알이다. 알이 맞다!"

그런데, 어떻게 해야 하지? 걱정이 된다.

책과 씨름을 하던 막내는 흙을 덮어 주고 알 주변에 달팽이가 얼씬도 못하게 한다. 허기진 어미가 잡아먹으면 어쩌나 하는 생각에 아이들의 신경은 더욱 곤두섰다.

그러나 알보다 어미가 더 위태로운 상황을 맞았다.

50~60마리 정도에 그치지 않고 매일 태어나는 새끼들 때문에 어미는 제자리마저 잃고 말았다. 유리그릇 가장자리에는 눈곱보다 더 작은 새끼들이 가득 달라붙어 있으니 먹이를 더 구해줘야 했다. 채소를 구해 넣어주니 시든 것은 외면하고 새 것으로 달려든다.

혹시 농약이 묻어 있지는 않았을까 걱정이 된다. 새 생명은 면역력이 없기 때문이다.

유기농법을 사용하여 농사짓는 곳이 별로 없을 때다.

결국 건강한 먹거리, 건강한 삶을 위해 달팽이 가족은 아파트를 떠나 시골 한적한 자연으로 이사했다. 오래 전 우리 아이들이 어릴 적의 이야기다.

천진한 아이

민수는 나의 실습과정 중 놀이방에서 만난 아이이다.

일곱 살의 나이지만 다른 아이와 어울리지 못하고 미끄럼틀에 올라가 반듯이 누워 자기만의 세상을 생각하며 웃고 있다.

아이는 늘 누나가 입던 옷을 입고 다닌다. 제 나이 또래 아이들이라면 옷투정 등 자기 불만을 털어놓기도 하지만 아이는 투정조차도 없다.

월요일과 수요일에는 담소원에 다녀와 피곤함을 견디지 못하고 미끄럼틀 위에서 잠이 들곤 한다.

민수는 자폐증상이 있는 아이이다. 나와 만나던 날 민수는 별 반응이 없었다. 처음 보는 선생님이 다가가 옷을 매만져 주고 얼굴을 비벼주어도 다가올 생각조차 하지 않고 혼자 중얼거리는데 무슨 소리인지 알아들을 수는 없다.

그런 민수가 좋아하는 것이 있다. 언제나 흥얼거리는 노래가 있다. 기분 좋은 일이 있나보다. 가끔씩 고추를 만지며 쾌감을 느끼는 것을 보니 다른 아이들보다는 지능도 떨어지는 것 같다.

민수가 의자에 앉아있는 시간은 미술시간이다.

그리기와 만들기를 잘한다. 요구르트병과 곡식을 이용한 악기를 만들 때 민수는 남보다 먼저 자리에 앉아 색종이를 오려 요구르트병에 붙인다. 그 솜씨는 다른 아이들과 비교해도 뒤떨어지지 않는다.

한 번은 족두리를 만들었다. 색종이를 찢어 종이컵에 붙이고 꽃을 꼭대기에 매달아 고무줄을 끼우니 훌륭한 족두리가 되었다. 아이는 족두리를 머리에 쓰고 다니며 좋아한다. 제 또래 아이면 쓰라고 해도 싫다고 하겠지만 그걸 쓰고 이리저리 뛰어다니는 모습이 애처로웠다.

집중력이 떨어져 긴 시간을 앉아있지는 못하고 곧 자기 자리로 가지만 미술시간만큼은 즐겁게 지내고 있다.

아이는 숫자를 다 알고 있는 것 같다. 쓰는 것도 한다고 선생님은 말한다.

어느 날 수업시간에 옆에 앉아 있으니 아이는 선생님을 따라 숫자를 세고 있다. 옆에서 앉아 있던 나는 귀를 기울이고 아이 소리를 들었다.

36, 37, 38, 39, 40…….

정말 숫자를 알고 있다. 그런 아이가 가끔씩 소리를 지른다. 가슴속의 답답함을 토해 내는 것일까? 어른들에 대한 불만을 표출하는 것일까?

민수는 선생님도 안중에 없다. 한 번은 화장실에 간 아이가 실수를 하여 옷에다 변을 보았나 보다. 창피함을 느낀 것일까. 옷을 벗으려 하지 않자 선생님은 소리를 치며 다그친다. 옷을 갈아입히려는 선생님이나 거부를 하는 아이나 모두가 힘들어 보인다.

그동안 자폐문제를 심각하게 생각하지 않았다. 그러나 환경 때문인가? 요즘 나의 주변에서도 자폐아들을 자주 보게 된다. 부모들은 아이의 손을 잡고 좋다는 곳은 다 찾아다니고 있다.

어느 잡지에선가 TV에선가 본 적이 있다. 자폐아 증상을 가진 아이의 부모들이 아이를 치료하려 무던히 노력하는 것을. 그러나 사회는 부모를 외면하고 있다.

사랑만을 먹고 자라야 할 아이들이 부모 없는 집을 홀로 지키며 기다리고 있다. 혼자 노는 데 익숙하던 아이들은 자기 세계에 빠져들고 남과 대화하는 것조차도 싫어하며 결국은 모든 것을 기피하고 만남조차 싫어한다.

놀이치료를 하는 과정에서 자폐아가 원인 제공을 한 사람의 인형을 들고 때리는 것을 보았다. 자폐아들은 원인 제공자를 때리고 물어뜯고 눈물 흘리기를 수없이 반복한다는 것이다. 속에 있던 불만과 응어리가 풀어져 정서적으로 안정을 찾고 용서를 하며 사이가 좋아지는 모습을 보인다는 것이다. 결국 아이를 정상적으로 키우기 위해서는 가족 모두 하나가 되어 사랑을 쏟아야 한다. 잠겨있는 마음의 현관문은 활짝 열려야 한다.

열린 문을 뛰어 들어오면서 '엄마'하고 불러 보고 싶어 하는 아이들. 그러나 사회는 그런 환경을 만들어주지 않는다. 혼자 벌어서는 살 수 없기 때문이다.

맞벌이의 희생양이 민수가 아닐까. 민수 엄마는 담소원을 다녀와 피곤한 아이를 놀이방에 보내고 자기 볼일을 본다고 한다.

이것은 민수네만의 일이 아니다. 부모는 물론 할머니와 할아버지까지 모두 바쁜 세상으로 변해가니 사랑을 나눌 틈이 없는 것이다. 사랑을 먹고살아야 할 아이들은 학원이나 학습지 공부로 밀려나고 있다.

좀 더 관심을 보이면서 더 넓은 사랑으로 아이를 감싸 안아줄 수 있으면 아이도 자신감이 생겨 기어들어가던 목소리가 당당히 밖으로 나와 넓은 공간에 울려 퍼질 수 있을 것이다.

4주간의 실습과정, 나와 그 아이는 날이 갈수록 눈을 잘 마주친다. 간지럼을 태우면 깔깔 웃으며 좋다고 소리친다.

헤어지던 날 아쉬움을 달래기 위해 사탕 팔찌를 만들어 끼워주고 포옹으로 아쉬움을 달랬다. 멀어져 가는 노란 봉고차를 하염없이 바라보았다.

민수가 구김살이 없는 아이 본연의 얼굴로 자라나 제 몫을 다할 수 있는 날이 오기를 빈다.

단풍을 보며

가을입니다. 옷깃을 여미게 하는 찬바람이 몸을 파고듭니다. 산에는 단풍이 울긋불긋 물들어 한 폭의 그림을 보는 듯합니다. 여행을 하면서 차창으로 보이는 산은 아름답습니다. 살며시 누워 두둥실 떠가는 구름과 함께하고 싶습니다.

하늘은 높고 깨끗합니다. 그 사이로 지나가는 뭉게구름은 갓 지은 솜이불처럼 보입니다.

꿈을 깨면 현실이 눈앞에 있습니다. 추위를 견디고 한기가 채 가시지도 않은 이른 봄에 파릇파릇 싹을 틔워내고 여름에 무성한 가지로 열기를 막아주고 가을이면 한 해를 정리하는 과정을 보여주듯이 잎을 하나하나 떨어트리는 가로수.

예쁜 노란 은행잎, 빨간 단풍잎을 주워 책갈피 속에 모아 크리스마스 카드에 붙여 보내던 옛날을 추억합니다.

이렇게 장황한 서두를 늘어놓는 이유가 있습니다. 환경미화원들의 이야기를 하고 싶어서입니다.

이분들은 말없이 새벽부터 기다란 빗자루를 들고 거리를 청소합니다. 우리들은 가을 단풍이 아름답다고 하지만 이분들에게는 단풍은 어떻게 보일까요. 쓸어도 쓸어내도 또 다시 떨어지는 낙엽들…….

가을비라도 내릴라 치면 낙엽들은 길바닥에 찰싹 들러붙어 청소가 더 어렵습니다.

똑바로 서서 하는 일이라 편하려니 생각했는데 허리가 아프고 노동의 강도가 심하다고 하더군요.

몇 년 전 아파트에 살고 있을 때 문득 창밖을 보니 경비아저씨가 나뭇가지에 있는 낙엽들을 흔들어 떨어내고 있었습니다.

쓸어도 또 떨어지는 것이 귀찮아 붙어있는 낙엽들을 미리 떨어내는 것입니다. 나뭇잎은 제 본래 운명보다 먼저 쓰레기 더미가 되고 말았습니다.

앙상한 가지를 보며 나도 모르게 중얼거려 봅니다. “미안하다.”

이제 가을입니다. 먼 산의, 또는 가까운 공원의 단풍을 보면 마음이 푸근해집니다.

멀리 보이는 단풍은 한 폭의 그림으로 간직하고, 가로수 단풍을 보면 수고하는 환경미화원들에게 감사하는 마음을 갖습니다.

가을이 오고 있나보다

도심을 떠나 시골로 향하는 마음은 가볍다. 아파트와 고층 건물 속에서 하루하루를 살기에 공기가 달라지고 환경이 달라지니 마음조차도 달라진다.

서늘한 밤공기를 마시며 달리는 차창으로 작은 곤충들이 부딪힌다.

문득 며칠 전 일이 생각났다. 늦은 저녁 귀뚜라미 한 마리가 꽃집에 들어왔다. 까무잡잡한 놈은 그래도 이곳이 공기가 맑다고 여겨 찾아온 것인가 보다.

녀석은 깡충깡충 뛰어서 가게 안의 초록색 꽃줄기가 있는 곳을 향해 다가온다. 심심하던 차에 잘됐다고 생각해 같이 놀아보기로 했다. 살금살금 다가가 잡아보려 했다.

언제 알아챘을까. 도망치는 놈은 빠르기도 하다. 다시 한 번 반복하다 겨우 잡아내어 다리를 잡고 어떻게 할까 생각했다.

녀석은 잡힌 것이 화가 났는지 저항을 하다가 이내 포기하고 죽은 듯이 움직이지 않는다. 그 모습이 못내 애처로워 놓아주며 잘 가라고 속삭여 줬다.

사실 꽃집은 곤충이 무더운 여름밤에 쉬어갈 수 있는 곳이긴 하다. 시골집 마당 끝에 우거진 풀을 연상시키는 초록 식물과 꽃은 다른 곳보다 숨쉬기가 편했을 것이다.

그 일을 떠올리며 주유소 한쪽에 차를 세우고 주유기가 있는 쪽으로 걸어가며 주위를 둘러보니 동화 같은 장면이 펼쳐진다.

밝은 불빛 아래는 귀뚜라미, 메뚜기, 여치 등 곤충들이 있다. 하늘소를 잡으러 시골에 가고 싶다던 아이들이 여기 있으면 좋겠다는 생각을 하며 가까이 다가가도 도망가지 않는 곤충들을 바라본다.

주유소 주변은 온통 산과 논밭이라 자연 속에서 노래 부르고 있던 작은 곤충들이 저녁이면 불빛을 찾아 여행을 온 것이다.

싱싱한 공기를 마시고 싶어 친구 따라 밤나들이 나온 것이 아닐까? 풀숲으로 걸어갈 때면 날아가고 도망치던 놈들이 꼼짝도 하지 않는다. 그래, 밤 여행에 피곤할 수도 있겠다.

무리 속에 섞인 작디작은 아기 곤충들이 예뻐 보이는 밤이다.

간간이 들리는 비행기 소리와 밤하늘을 수놓은 별들을 바라보며 가을이 다가옴을 느낀다.

한가위 아침에 만난 작은 아이

한가위 명절에 가족들이 모여 햇곡식과 햇과일로 조상님께 감사를 표했다. 조금의 모남도 없이 둥글게 온누리를 고루 비추는 보름달이 휘영청 밝다.

고향에 내려가기 전에 성당에서 미사를 드리기로 했다. 넓은 성당 뒷좌석에는 드문드문 사람이 있었고 지각을 한 사람들이 앞으로 갈 염치가 없어 뒷좌석에 엉거주춤 앉는다.

그곳에서 아이를 만났다.

유난히도 작은 아이, 한눈에 들어오는 아이는 난장이였다. 눈치를 보듯 자꾸 옆자리의 나를 바라본다. 미사시간 내내 서로를 곁눈질하듯 슬금슬금 훔쳐보는 두 사람의 심정을 알기라도 하듯 "평화의 인사는 눈을 바라보며 나누십

시오"라는 신부님의 소리가 들려왔다.

이때다. 눈치 볼 것도 없이 손을 내밀어 악수를 하며 웃음으로 눈을 마주치고 바라보며 손도 살짝 꼬집어 주었다.

"곱기도 하지. 아줌마 손은 손톱에 때가 끼고 손가락은 모두가 갈라져 머슴손이란다. 일을 많이 해서 그렇지." 변명을 하듯 털어 놓았다.

대화를 하면서 한 걸음 친해지니 아이는 미사 중에도 이야기를 이어간다. 추석 명절을 할머니 집에서 보내고 아빠와 함께 성당에 왔단다. 집은 금곡동이라고 했다. 금곡동은 수원의 서쪽에 있는 동네다. 칠보산이 있어 일 년에 몇 번씩 가는 곳이다.

이 산을 좋아하는 조카가 있다. 조카는 칠보산에는 물이 맑아서 가재도 살고 있다고 했다. 산골짜기 흐르는 물을 따라 올라가면서 또 바위틈을 뒤지면서 몇 마리를 잡아와야 여름이 간다는 것이다. 전설엔 일곱 개의 보물이 있다고 하여 칠보산이라 했다.

그곳에 어린 보물인 이 작은 아이가 살고 있는 것이다.

작은 아이야!

앞으로 세상을 살다보면 가슴이 아프지만 눈물을 참아

야 할 일도 많을 것이다.

처음부터 손을 잡아주고 싶었다. 그러나 과한 친절이 누가 될까봐 곁눈질만 했다. 이때 하느님이 내 마음을 알고 풀어주셨다. 그날 추석명절 미사는 더욱 감사한 마음이 충만했다.

'더도 덜도 말고 한가위처럼만'이라는 말이 있지만 꼭 그렇지만은 않다. 어떤 때는 친척이 아픈 가슴을 더 아프게 하기도 한다.

우리 아이도 얼굴에 점이 있어 사람 만나기를 꺼려했다. 사람들이 쫓아와서 걱정해주는 척 할 때가 많다. 그냥 무심하게 대해주는 것을 아이는 더 편해하는 것을. 이런 일들이 가슴에 쌓이면 병이 되는 것이다.

한가위 아침, 어린 천사를 만나 눈 맞추고 악수하며 이야기를 한 짧은 시간이었지만 은혜가 넘쳤다. 한 시간의 미사가 끝나고 각자의 길이 있기에 다음을 기약하며 다시 한 번 손을 잡았다. 둥근 보름달이 온 세상을 비추듯이 밝고 깨끗한 세상을 느끼며, 아름다운 생각을 많이 할 수 있는 아이로 자라주길 하느님께 빌었다.

인연이 된
방글라데시 어린이

장맛비가 칠월 한 달 내내 질척인다. 더위에 습기까지 더해 참아낼 수 없을 정도로 짜증이 나고 몸도 지쳐간다.

둘째 딸의 눈에 이상이 생겼다. 눈썹에 찔려 눈을 비벼대고 눈이 건조하여 인공 눈물을 넣고 사는 것이 안타까웠다. 고통을 달고 살 길 몇 년, 본인이 큰 용기를 내어 수술을 하겠다고 한다. 이 장마철 삼복 날씨에.

집에 에어컨까지 고장나서 걱정이 앞선다. 이참에 이번 여름은 에어컨 없이 견디어 보자고 가족끼리 합의를 했었다.

딸은 제 언니랑 1차 상담을 했다는데 걱정거리를 하나 더 안고 왔다. 갑상선이 의심되니 검진을 받아보라고 했단다.

증상을 보고 인터넷을 검색하니 그 말이 맞는 것 같다.

젊은 나이에 긴 세월을 고통 속에 살아내야 한다는 생각을 하니 잠을 이룰 수가 없었다. 어미의 딸이니 체질이 비슷하여 그런 것이 아닐까?

눈을 전문으로 하는 서울 강남의 성형외과에 도착했다. 건물 높이는 하늘을 찌르건만 주차장은 코딱지만하다. 비비적거리며 간신히 주차를 하고 상담을 끝낸 후 수술 날짜를 잡고 병원을 나섰다.

차를 몰고 좁은 공간을 천천히 나오는데 무엇에 닿는 느낌이 든다. 차를 세우고 내려 확인하니 상대방 차 오른편 범퍼는 긁혀 있고 띠는 떨어져 나갔다. 내가 그런 것일까? 아니면 이미 그런 생태였던 것일까?

순간 통째로 죄를 뒤집어 쓸 것만 같아 두려운 마음에 뒤도 돌아보지 않고 도망쳤다. 괴로운 마음에 되돌아갈까 고민하며 서울을 떠났다.

심장이 오그라드는 것 같고 누군가 쫓아와 추궁할 것 같아 오금이 저렸다. 'CCTV 카메라를 보고 경찰이 부르면 어쩌지?' 손에 일이 잡히지 않아 퇴근을 서둘렀다.

집 거실에 자리를 펴고 누웠다. TV의 채널을 돌리고 또 돌려도 재미있는 방송은 없었다.

벌떡 일어나 주중 행사인 청소를 시작하며 땀을 흘렸다. 교육방송에서는 동남아시아의 방글라데시 어린이를 후원하라는 광고방송이 나왔다. 나도 모르게 하던 일을 멈췄다.

콧물을 닦아 옷소매가 딱딱하게 굳은 옷을 입었던 어린 시절, 아궁이에 불을 지피고 개구리를 잡아 양은그릇에 끓여 먹던 기억이 떠올랐다.

방송에 나온 방글라데시 어린이들은 우기에 물이 범람해 부모를 잃고 고아로 살아가며 스스로 먹을 것을 해결해 간다고 했다. 아이들은 신발도 신지 않은 채 쓰레기를 주워 돈을 벌어 천막 숙소 월세를 내고 있었다. 씻지 않은 손으로 빵조각을 먹는 아이, 아이가 머리에 이고 운반하는 쓰레기는 제 몸무게보다 무겁다.

아이는 공부할 때를 놓치고 있다. 저것이 인간의 삶인가 하는 순간, 나는 전화번호를 누르고 있었다.

차량을 고쳐주면 몇 십만 원은 들 것이다. 예전에도 헌 차의 범퍼를 흠집 낸 적이 있었는데 차 주인은 기회라고 생각했을까? 다른 부분을 모두 고치고 비용을 청구한 적이 있어 화가 났었다.

오늘 일도 그것과 다르지 않을 것이라는 생각에 그 돈을

저 아이들에게 주기로 했다. 나 혼자만의 생각으로 주저 없이 전화했다. 이 돈 몇 푼이 저 아이들의 삶에 도움이 된다면 감사할 일이다.

며칠 후 아이의 사진과 함께 인적 사항이 전송됐다.

인연이 된 아이는 차렷 자세다. 내 어릴 적 모습이다. 긴 머리에 보기 좋은 표정으로 서 있다.

그 사진을 뽑아 화장대 위에 올려놓았다. 아이는 나를 쳐다보고 '힘 내세요' '내일은 좋은 일이 있을 거예요'라는 응원이라도 하는 것 같다.

사진을 보며 내일도 열심히 뛰어 보리라 다짐하고 또 다짐한다.

그 아이가 성인이 되어 자기 몫을 다하는 어른이 되길 기도하면서.

늙은이가 애를 낳았다더니
너도 똑같구나

초판 발행 2024년 5월 10일

지은이 김희숙
펴낸 이 김예옥
펴낸 곳 글을읽다
주소 16007 경기도 의왕시 양지편로 39-7
등록 2005.11.10. 제138-90-47183
전화 031)422-2215
팩스 031)426-2225
이메일 geuleul@hanmail.net

디자인 김유진

ISBN 978-89-93587-33-3 (03810)

*책값은 뒤표지에 표시되어 있습니다. 파본은 바꾸어 드립니다.